ヘイト・クライムと植民地主義

反差別と自己決定権のために

木村朗
前田朗 共編

執筆陣（掲載順）
前田朗
中野敏男
香山リカ
安田浩一
野平晋作
乗松聡子
金東鶴
辛淑玉
朴金優綺
結城幸司
清水裕二
石原真衣
島袋純
髙良沙哉
新垣毅
宮城隆尋
松島泰勝
木村朗

三一書房

はしがき

ヘイト・クライム、ヘイト・スピーチという言葉が人口に膾炙《かいしゃ》して5年を経過した。ヘイト・クライム、スピーチ対策の必要性は、2010年及び2014年に人種差別撤廃委員会から日本政府への是正勧告が出されたことで明確になっている。人種差別禁止法の制定も勧告された。

2016年6月にヘイト・スピーチ解消法が制定されたが、理念法に留まり、ヘイト・スピーチを禁止も処罰もしていない。日本政府もメディアも差別とヘイトに対処する取り組みが十分とは言い難い。

そもそも日本社会にどのような差別とヘイトが存在するのか。その根源は何なのかの共通認識が形成されていない。個別のテーマに即した優れた研究は出始めているが、いっそう多面的で複合的な視点を持った研究の積み重ねが不可欠である。差別とヘイトの歴史と現在をつなげて総合的に理解する作業が求められる。

そこで本書では、差別とヘイトの根源の一つである植民地主義の克服という視点から、歴史と現在を往還しつつ、「反差別、反ヘイト、自己決定権」という視座を打ち出すことにしたい。

具体的には、朝鮮半島、及び在日朝鮮人に対する差別とヘイトはもとより、特に先住民族アイヌと琉球（沖縄）に対する民族差別問題、「沖縄ヘイト」、米軍基地問題をめぐる「構造的差別」

などの問題を「反差別、反ヘイト、自己決定権」の視座から問い直すことが本書の課題である。

アイヌモシリ及び琉球は、近代史を見るならば典型的な植民地である。にもかかわらず、日本ではそのことさえまともに認識されていない。アイヌモシリ併合及び分割や琉球併合及び分割は、イギリスによるアイルランド分割・北アイルランド併合と同じで、植民地の代表例である。植民地化に続く構造的差別の根源を解明しつつ、現在のアイヌ差別や琉球差別を照らし出すことが必要となる。東アジア全体の文脈に照らして日本の植民地主義とは何だったのかを問う必要がある。

植民地主義、ヘイト・スピーチ、差別を克服するためにと言っても、発言者の立場性を抜きに語ることはできない。植民地主義の「加害側」に属する者にとって、それは「内なる植民地主義との闘い」となるであろう。植民地主義の行使に直接関与した歴史を背負っている場合だけでなく、日本国籍保持者の多くが植民地主義の歴史から利益、便益を被ってきたことは否定できない。自らの立場を踏まえつつ、目の前のヘイト・スピーチや差別にいかに立ち向かうのか。単に主観的な告白によっても、単に客観的なつもりの研究によっても、事象の解明や問題解決への道は開かれない。自らの思考を常に問い返す方法論を鍛えることが喫緊の課題である。

植民地主義の「被害側」に属する者にとって、課題はあまりに直接的であり感情的性格を有する。課題の親密性を踏まえつつ、歴史的パースペクティヴで物事を把握する方法論が求められる。

また、琉球（沖縄）は日本（本土、ヤマト）との関係では「被害側」に立つが、朝鮮やアジア各地域との関係では、意思に反して「加害側」に立たされることもある。東アジアにおける民衆の連帯を模索する思想と運動も、歴史や国際緊張の枠組みから逃れることはできない。

加害側にせよ被害側にせよ、その歴史も経験も多様であり、一律に語ることができないことはもちろんである。本書では、それぞれの論者が自らの立場性を踏まえて議論を展開しつつ、そこから間主観的で、より総合的な分析を心がけるように努めた。それゆえ、執筆者間で見解を調整することはせず、各自の見解を提示することにした。

また、歴史的に形成された植民地主義と、現在の差別を支える「新植民地主義」についても、その共通性と特質を明らかにする必要がある。この点についてはすでに、徐勝・前田朗編『〈文明と野蛮〉を超えて』、木村朗・前田朗編『21世紀のグローバル・ファシズム』、進藤栄一・木村朗他『沖縄自立と東アジア共同体』等において一定の視座を提示してきた。本書においてもこれらを継承しつつ、現代世界論のもとでの日本における反差別と反ヘイトの議論を展開する。

なお、編者の力量の制約から、本書では台湾、南洋諸島、「満州」などを取り上げることができなかった。今後の議論に期待したい。

収録論文は、シンポジウムでの発言記録に加筆したもの、発言記録をもとに書き起こしたもの、あるいは本書のための新規原稿など多様である。文体は執筆者に委ねた。

もくじ

一　序章

1　私たちはなぜ植民地主義者になったのか

前田　朗

一　「土人」の時代
――差別とヘイトの現在

いわゆる「在特会（在日特権を許さない市民の会）」によるヘイト活動が目立つようになったのが２００７年、ヘイト・スピーチが流行語になったのが２０１３年、ヘイト・スピーチ解消法が制定されたのが２０１６年であった。

新大久保・鶴橋・川崎での在日朝鮮人に対する差別街宣、水平社博物館に対する差別街宣、メディアによる差別報道、琉球／沖縄に対する「土人」発言――枚挙にいとまがない差別と排外主義は、現代日本社会の特徴と言えるほどである。

これは新しい現象ではなく、日本列島における差別事件、ヘイト・クライム／ヘイト・スピーチは長期にわたって解決を求められる課題の一つであった。ヘイト・クライム／ヘイト・スピーチは、人種・民族等の属性に着目した差別とその煽動による犯罪を指すが、ヘイト・クライムは暴力的側面に、ヘイト・スピーチは言葉による側面に着目した概念である。

１９８０年代後半から２０００年代にかけて「チマ・チョゴリ事件」と呼ばれる事件が頻発した。チマ・チョゴリを着用した朝鮮人女子学生に対する差別と暴力事件である。日本政府は、朝鮮総聯に対する弾圧、朝鮮学校に対する強制捜索を繰り返してきた。朝鮮学校卒業生大学受験資格問題では、文部科学省は朝鮮学校を差別する方針にこだわり、「朝鮮学校を差別しても良い」というメッセージがマスコミの報道を通じて全国に流された。

以上の事例は、政府による上からの差別と社会における下からの差別が重なり合い、その中でヘイトが煽られた事例と言える。近年のヘイト・スピーチ現象はこうした事例の延長線上にある。在特会による下からのヘイトと、朝鮮学校無償化除外問題のように日本政府による上からのヘイトが呼応し合って、差別と排除、暴力と抑圧の日常が作り出されている。

国際社会に目を転ずると、戦争と内戦、テロと難民がキーワードとされるように、グローバリゼーションの矛盾が吹き出し、各地で人々が弾き飛ばされている。飢餓、国内避難民、難民、移住者が漂流し、苦難に喘いでいる。宗教や民族など雑多な差異が紛争の原因となり、帰結となり、ルペンやトランプという固有名詞が一般名詞に転化しつつある。スコットランド独立をめぐる住民投票、イギリスのEU離脱、カタロニアの独立運動、クルド人の独立運動のように民族主義、地域主義の再興も顕著である。ナショナルなものが無秩序にぶつかり合っている。

差別と排外主義の原因や、膨大な人口移動の形態や帰結は、地域により、歴史的背景により、それぞれ異なるが、ナショナリズム、パトリオティズム、ゼノフォビア、差別、暴力が絡み合い、社会を破壊している点では共通の現象が地球を覆っている。(1)

二　重層的に形成された植民地主義
——500年の植民地主義と150年の植民地主義

ヘイト現象を総体として把握するには、近代史における植民地主義を再検証する必要がある。原因のすべてが過去の植民地支配や植民地主義に由来する訳ではないが、現代世界における民族、宗教、領土などの基本的配置は植民地時代に形成・編成されたものであるから、植民地主義の「古層」を確認する必要がある。

近代世界における植民地主義の歴史や基本的特徴を抽出する作業自体、膨大な時間とエネルギーを要する課題であり、ここで論述する余裕は到底ない。本書の課題である日本の植民地主義（あるいは東アジアにおける植民地主義）の歴史と現在を素描するにとどめざるを得ない。(2)

「500年の植民地主義」、「150年の植民地主義」、「70年の植民地主義」という大雑把な時期区分をもとに、重層的に形成された植民地主義の強靭さを浮き彫りにすることによって、私たちはなぜ植民地主義者になったのかを明らかにしたい。

「私たち」とは、日本列島に居住してきた日本人（大和民族）・日本国籍・男子・いわゆる健常者のことである。実体としての大和民族なるものを前提にするわけではないが、大和民族（和人、やまとんちゅ）と総称されることになる人々が植民地主義の主要な担い手であることは言うまでもないだろう。(3)

1　500年の植民地主義

「500年の植民地主義」とは、西欧諸国が大航海時代に新航路を探検し、「新世界」へ到達（発見）し、世界を植民地化した結果の植民地主義のことである。

バスコ・ダ・ガマ、コロン（コロンブス）、マゼランの名に代表される新航路の発見と新大陸への到達、異なる人々との遭遇が植民地主義の基幹をなす。象徴的な転換点として1492年をあげることができる。コロンの新大陸到達が1492年とされるが、ナスル朝滅亡に至るレコンキスタの完成、同時に「ユダヤ人問題」の始まりでもある。

その後、西欧列強の世界各地への進出が激化する。スペインとポルトガルが植民地分割の取引をしたトルデシリャス条約は1494年である。カリブ海やラテンアメリカへのコンキスタドールの歴史はアステカ、マヤ、インカの文明を遺跡に変えた。

大航海と植民地による交易と収奪により、資本の原始的蓄積から、産業革命を経て西欧資本主義が世界を席巻していく過程でもある。カリブ海やラテンアメリカの人民は殺戮や伝染病によって滅亡させられた。そこに導入されたのが大西洋奴隷制、アフリカからの奴隷であった。東南アジアではイギリスのインド支配、オランダのインドネシア支配（東インド会社）、フランスのインドシナ支配等が続いた。

（1）アイヌモシリ

日本に目を転じてみよう。中国の華夷秩序の下では夷に位置付けられ、朝貢する側にいた日本だが、日本列島の中では朝廷が武士等の戦闘集団に「征夷大将軍」という称号を授与した。古くは飛鳥時代の阿倍比羅夫、平安時代の坂上田村麻呂に始まり、江戸幕府最後の徳川慶喜に至るまで征夷大将軍の歴史が続いた。それはアイヌモシリへの侵略であった。アイヌモシリとは「人間の静かなる大地」という意味で、アイヌ民族が居住した地域である。現在の北海道及び樺太（サハリン）や千島（クリル）を指す。

道南の志濃里（現在の函館市）において、アイヌと和人の間で起きた口論が殺人事件に発展し、１４５７年、コシャマインの戦いが生じた。首領コシャマインが率いるアイヌが蹶起し、志濃里の小林良景の館を攻略した。当時、道南地方には和人12館と言われる拠点があり、そのうち10館が攻め落とされたと言う。だが1458年、武田信広軍がコシャマイン軍を撃破して、戦いは終了した。

1669年、シブチャリの首領シャクシャインを中心とした戦いが記録されている。江戸幕府の下で交易権を独占した松前藩が知行主とアイヌとの交易を管理した。シャクシャインの戦いはアイヌ間における対立の面もあったが、和人とアイヌの戦いが基本である。シャクシャインは各地のアイヌ民族に松前藩に対する蜂起を呼びかけ、白糠や増毛のアイヌ民族が呼応して立ち上がった。300人を超える和人が殺されたという。和人側は和睦を申し出てシャクシャインをだまし討ちし、指導者層を謀殺した。

コシャマインの戦いとシャクシャインの戦いは性格の異なる事件だが、和人とアイヌ民族の交流史としては、近世幕藩体制を確立していった和人側（松前藩、江戸幕府）による道南地方の支配の形成・確立期の出来事である。

これにより和人がアイヌ民族を植民地化し、主に漁業におけるアイヌの奴隷的強制労働が広がった。日本人がアイヌ民族を「土人」と蔑むようになる歴史の端緒がコシャマインの戦いとシャクシャインの戦いにあったと言うことができる。

（2） 琉球王国

日本人は南方でもう一つの出会いを経験した。「薩摩の琉球侵入」として知られる1609年の出来事が象徴である。

琉球王国は1429年から1879年の450年間、琉球諸島を中心に存在した。統一された王国の成立が1429年頃とされ、1469年頃、第二尚氏の王朝が成立し、最盛期には奄美群島、沖縄諸島、先島諸島までを統治した。

薩摩の琉球侵入については諸説あるが、背景となるのは豊臣秀吉の李氏朝鮮への征服戦争（文禄・慶長の役）である。豊臣秀吉は琉球王国に加勢を求めたが、明の冊封を受けていた琉球王国はこれを拒否した（実際には琉球王国は豊臣軍に食料を提供し、兵站の一部を担ったという）。

1609年3月、島津氏の薩摩藩は3000名の兵を率いて薩摩を出発し、琉球王国の奄美大島に上陸した。3月26日には沖縄本島に渡り、4月1日には首里城に迫り、4月5日、尚寧王が和睦を申し入れて首里城は開城した。

琉球王国は薩摩藩に朝貢することになり、江戸幕府に使節を派遣した。他方、琉球冊封使は、1404年、明の永楽帝と琉球の武寧王の間で始まり、1652年、清の順治帝と琉球の尚質王の間が最後となる。冊封使とは、歴代中国王朝の皇帝が朝鮮、越南（ヴェトナム）などの付庸国の国王に爵号を授けるために派遣した使節を言う。

（3）李氏朝鮮

李氏朝鮮への侵略・征服戦争は、太閤豊臣秀吉の文禄・慶長の役と呼ばれる。朝鮮では文禄の役を壬辰倭乱、慶長の役を丁酉倭乱（丁酉再乱）としてきた。最近では東アジア三国それぞれの自国史にとどまらず、地域の歴史を描くために日韓中共同研究がなされ、その中で「壬辰戦争」という呼称が提唱された。

秀吉は、まず明の冊封国である李氏朝鮮に服属を強要したが拒まれた。そこで朝鮮に遠征軍を派遣した。小西行長や加藤清正らの侵攻によって混乱した首都から逃れた朝鮮国王・宣祖は、明の援軍を仰ぎ、連合軍で豊臣軍に抵抗した。明が出兵を決断したのは戦闘が遼東半島まで及ばないようにするためであった。明軍の支援のため、戦線は膠着した。

豊臣軍は、名護屋（現在の佐賀県唐津）滞在が10万、朝鮮出征が16～20万の勢力であった。当時、日本全国の総石高は約2，000万石であった。1万石あたり250人の兵を動員したとすると、総兵力は約50万人となる。文禄の役の25万以上の動員数は、総兵力の半分程であった。

壬辰戦争は、朝鮮半島を舞台として行われた、日本対朝鮮・明連合という国際的広がりのある戦争であり、世界最大の戦争であった。16世紀に、欧州やアフリカでこれほど大規模な戦争は起きていない。

500年の植民地主義は、北ではアイヌモシリ、南では琉球王国、そして西では朝鮮半島での戦争となった。武士階級の支配確立後、生産力の発展、兵器の発展、そして世界認識の膨張ゆえに、日本が周辺地域、周辺諸国に軍事侵略した歴史である。

2 150年の植民地主義

「150年の植民地主義」とは、産業資本主義が発達を遂げ、植民地からの暴力的収奪だけではなく、資源の獲得と商品販売のための市場としての植民地再分割時代の植民地主義である。レーニンが分析した帝国列強の世界分割戦争の時代である。大航海時代に始まる国際法は、正当な目的と正当な手続きによる「正戦」だけを認めていたが、帝国主義にとって正戦は理に適わない。目的や手続きを云々している間に、敵軍に占領されてしまえば元も子もなくなる。そこで「無差別戦争観」が支配することになる。遅れてきたドイツやイタリアは植民地再分割を求めて躍動した。ロシアも主役として登場した。行き着いた先が第一次世界大戦という総力戦であった。植民地争奪戦が本国の経済を疲弊させ、共倒れをもたらす現実に気づかされることになる。

日本では「明治維新150年」や「北海道150年」が喧伝されるが、まさに植民地主義150年の別名である。

（1）北海道

150年の植民地主義もアイヌモシリへの侵略に始まった。1789年（寛政元年）、クナシリ・メナシの戦いと呼ばれる事件が起きた。クナシリ場所（国後郡）請負人との交易や労働環境に不満を持ったクナシリ場所のアイヌが蜂起し、和人の商人を襲い殺害したのが始まりである。松前藩が鎮圧に赴くとともに、アイヌの首長も説得に当たった結果、蜂起したアイヌたちは投降し、中心メンバー37人は処刑された。

19世紀に日本は世界史の只中に登場した。ペリーの黒船来航はその象徴だが、泰平の世から欧米諸国による開国の世になる。北からはロシアが南下してきたので江戸幕府は北の防衛にも苦慮した。

17世紀に松前藩は樺太や千島を支配地と認識していたようだが、1855年、日露和親条約で択捉島と得撫島の間に国境が引かれた。江戸時代に伊能忠敬、間宮林蔵、松浦武四郎らによる測量・調査がなされたが、明治維新政府は1869年、アイヌモシリ（蝦夷）を北海道と命名した。さらに北海道開拓使を設置し、北方警備と開拓のために屯田兵を次々と送り込んだ。ところが1875年の樺太千島条約で、千島を日本領、樺太をロシア領とした。その後、日露戦争の結果1905年のポーツマス条約により南千島が日本領になった。

（2）琉球併合

150年の植民地主義は、南では「琉球処分」という言葉で語られてきた。琉球王国は独立の国家であり、日本の一地方ではなかったから、「琉球併合」である。

1853年、ペリー提督率いる艦隊が来航し、日本に開国・通商を求め、1854年、再び来航したペリーと江戸幕府は協議を重ねた結果、3月31日に日米和親条約を結んだ。「鎖国」政策をとっていた日本が、国際社会（欧米諸国）に対して開国した条約である。

日本史では日米和親条約だけが語られる。しかし、100日後に締結された琉米修好条約の存在を無視することはできない。ペリー艦隊は日本との条約締結後、琉球に渡航し、首里城を訪れて条約締結を迫った。琉米修好条約（亜米利加合衆国琉球王国政府トノ定約）は両国間の自由貿易、米国船舶の事故への救援・対処、米国への領事裁判権付与を定めた。

琉米修好条約に関する最新の研究は、「琉球処分」の歴史的意味の再検討を迫る。『琉球新報』2014年7月11日の記事は「『琉球処分は国際法上不正』、外務省否定せず、琉米修好条約きょう締結160年、主権回復、今も追及可能」として、日本政府が琉球王国を強制的に併合した1879年の「琉球処分」について、国際法違反の可能性を指摘した。(4)

琉球王国は1854年に独立国家と認知されていた。アメリカなど3カ国が琉球王国と修好条約を締結したということは、琉球王国が国際法上の主体であったということである。

それゆえ、琉球処分とは琉球王国に対する植民地化である。首里城を包囲して尚泰王を脅迫し又は強制行為によって琉球処分を行ったことは、ウィーン条約法条約に照らして違法な行為であった疑いがある。韓国併合の際にも日本政府は同じ方法を採用した。琉球併合も韓国併合も国際法上の瑕疵のある植民地化だったというべきである。

（3）韓国併合

1910年の韓国併合について詳論する必要はないだろう。

明治維新政府は富国強兵、文明開化、殖産興業を掲げて、内外で大国の形成を目指し、軍国主義、帝国主義、資本主義の近代を邁進することになった。日清戦争は朝鮮半島における日本の権益を確立し、台湾割譲によって日本帝国主義の肥大化の転換点となった。さらに日本は日露戦争を通じて南満州における権益を確保するとともに、韓国併合への道を歩んだ。1905年から1910年に至る過程を通じて韓国を併合した日本は、東アジアにおける帝国主義国家としての地位を手にし、国際連盟など、第一次大戦後の国際社会における大国として振る舞うことになった。併合された朝鮮半島における植民地政策は、日本資本主義の本格的発展を支える資源及び市場として位置付けられた。

500年の植民地主義による収奪と蓄積が資本主義の飛躍的発展を可能にした。そうして形成・発展した資本主義が150年の植民地主義の競争に突入し、世界を破壊するとともに、自らを破壊していった。〈文明〉と自称した〈野蛮〉のたどり着いた先が第一次世界大戦と第二次大戦であった。

三　日本国憲法のレイシズム
――70年の植民地主義

500年の植民地主義と150年の植民地主義は日本の政治と社会の「古層」を形成している。しかし、第二次世界大戦後の日本は、日本国憲法を柱とする戦後改革を経験し、平和主義、国際協調主義、民主主義、自由主義の新生日本として再発足したはずである。かつての植民地主義が「古層」にあるとしても、その上に70年間積み重ねられてきた民主主義の日本は植民地主義とは異なる社会を作り、文化を育んできたのではないか。

平和憲法のもとで70年を経た日本で、なぜ、今、差別とヘイトが噴出しているのかを問うために、日本国憲法そのものを再考する必要がある。(5)

1　レイシズムを克服する側面

日本国憲法前文第1段落は「諸国民との協和による成果」に言及し、「政府の行為によつて再び戦争の惨禍が起ることのないやうにすることを決意」するとしている。憲法の基本精神である平和主義と国際協調主義への第一歩である。

憲法前文第2段落は、平和主義（恒久の平和を念願）、国際協調主義（平和を愛する諸国民の公正と信義に信頼）を前提にして、国際社会における「名誉ある地位」を願い、「全世界の国民が、ひとしく恐怖と欠乏から免かれ」ることを求めている。

憲法前文第3段落は、国際協調主義を再確認している。日本国憲法は第二次大戦とファシズムへの反省に立って制定されたものであり、前文はその基本精神を表明している。

憲法第9条が戦争放棄、戦力不保持、交戦権の否認を定めていることは言うまでもない。

憲法第13条は個人の尊重と幸福追求権の規定である。憲法第14条第1項は法の下の平等を確保するよう求めている。人種・民族その他の理由による差別を許さないことには、戦争とファシズムによって被害を受けたアジアの人民への尊重が含まれるのが当然である。

他方、日本国憲法には残念ながらレイシズムを助長する側面がある。

2 レイシズムを助長する側面

第一に、大日本帝国憲法とその下での戦争とファシズムの遺産である。平和憲法は戦争への反省の成果であるが、脱植民地化がなされたとは言えない。憲法改正過程においてもその後の憲法解釈を見ても、植民地支配についての検証がなされなかった。

第二に、日本国憲法には「領土」の規定がない。領土、国民、主権が国家の三要素と言われるように、憲法が適用される地理的空間的範囲を定めるのが普通である。カイロ宣言は「朝鮮ノ人民ノ奴隷状態ニ留意シ軈テ朝鮮ヲ自由且独立ノモノタラシムル」とし、ポツダム宣言は「日本国ノ主権ハ本州、北海道、九州及四国並ニ吾等ノ決定スル諸小島ニ局限セラルヘシ」としている。日本の領土を定めたのはサンフランシスコ条約である。条約第2条は、朝鮮の独立、台湾、千島列島及び樺太の一部、国際連盟の委任統治領（南洋諸島）、新南諸島・西沙諸島への権利放棄などを定めている。ポツダム宣言とサンフランシスコ条約の間に制定された日本国憲法には領土を示す規定がない。

第三に、「国民」である。憲法前文はいきなり「日本国民は」と始まり、日本国民が繰り返し登場するが、誰が日本国民であるかを示さない。憲法第1条は国民主権と言うが、天皇と国民の関係を定めたものである。憲法第10条は「日本国民たる要件は、法律でこれを定める。」としている。憲法を見ても国民の内実は不明である。

そして、1946年の衆議院選挙において旧植民地出身者の選挙権が停止された。沖縄県も除外された。憲法施行前日に、昭和天皇最後の勅令によって旧植民地出身者の国籍が剥奪された。国民の範囲を恣意的に決めてきた。ここにレイシズムの重要な根拠がある。

第四に、天皇である。絶対主義・軍国主義天皇制から象徴天皇制への転換に焦点を当てれば、戦後民主主義の意義を語ることができるが、天皇制そのものは延命した。しかも、「神」から「人間」に横滑りし、極東国際軍事裁判（東京裁判）で裁かれることもなかった。「無責任の体系」は温存され、憲法第1条によって国民と天皇が結びつき、ナショナリズムの中軸となった。

以上のように日本国憲法にはレイシズムを助長する側面があり、レイシズムを克服する側面と矛盾しながら同居している。

3　レイシズムを隠蔽する機能

レイシズムを克服する側面と助長する側面は無関係に同居しているわけではない。両者は相互に影響を与え、矛盾しあいながら同居していると見るべきである。もう少し詳しく見てみよう。

(1) 領土／植民地問題

日本領土は本州、北海道、九州、四国及び付属島嶼である。これはポツダム宣言に由来し、詳細はサンフランシスコ条約に定められている。

ポツダム宣言第8項は「カイロ宣言ノ條項ハ履行セラルベク又日本國ノ主權ハ本州、北海道、九州及四國並ニ吾等ノ決定スル諸小島ニ局限セラルベシ」としている。

これはカイロ宣言の次の規定を受けたものである。「同盟国ノ目的ハ日本国ヨリ千九百十四年ノ第一次世界戦争ノ開始以後ニ於テ日本国カ奪取シ又ハ占領シタル太平洋ニ於ケル一切ノ島嶼ヲ剥奪スルコト並ニ満洲、台湾及澎湖島ノ如キ日本国カ清国人ヨリ盗取シタル一切ノ地域ヲ中華民国ニ返還スルコトニ在リ。日本国ハ又暴力及貪慾ニ依リ日本国ノ略取シタル他ノ一切ノ地域ヨリ駆逐セラルヘシ」。「三大国ハ朝鮮ノ人民ノ奴隷状態ニ留意シ軈テ朝鮮ヲ自由且独立ノモノタラシムルノ決意ヲ有ス」。

サンフランシスコ条約第2条は領土等の放棄を定める。朝鮮の独立承認。済州島、巨文島及び鬱陵島を含む朝鮮、台湾・澎湖諸島、千島列島・南樺太、委任統治領であった南洋諸島の権利の放棄等である。サンフランシスコ条約第3条は、南西諸島（北緯二九度以南。琉球諸島・大東諸島など）・南方諸島（孀婦岩より南。小笠原諸島・西之島・火山列島）・沖ノ鳥島・南鳥島をアメリカ合州国の信託統治領とする同国の提案があればこれに同意することを定めている。ただし、実際には南西諸島は国連信託統治領にはならなかった。

日本列島が日本であると安直に語られるが、近現代史において日本領は急速に膨張し、次いで縮小したことがわかる。

(2) 植民地忘却問題

日本列島が日本であるという領土認識は、植民地の喪失と、その忘却の上に成り立っている。日本の「戦後」は「朝鮮」の消去の上にある。半世紀をかけて膨張した日本が一九四五年の敗戦によって日本列島に縮小した。植民地の消去は地理的にも人間的にも文化的にも遂行される。大日本帝国の領土が消去され日本列島だけに焦点があてられる。[6] 旧植民地出身者は排除され、大和民族・日本国籍の日本がつくりだされる。多民族社会化した文化は「純粋」の日本文化に洗練され直す。歴史も記憶も意識も、すべてこの位置から透視され、改編され、紡ぎだされる。

戦後は終わった。戦後民主主義は虚妄だった。戦後レジームからの脱却――何度となく語られながら、いまだ終わらない東アジアと日本の〈戦後〉の誕生の秘密を解明して初めて、その終わらせ方の議論が始まるだろう。

（3）レイシズムの隠蔽と忘却

植民地の忘却は、植民地時代に形成された日本社会の意識や体験の忘却を伴う。妄想的な「五族協和」の興奮を忘れて「単一民族国家」というもう一つの妄想に逃げ込む。植民地支配の帰結としての在日朝鮮人や在日中国人への処遇は常軌を逸したものとなる。この社会は差別問題のない社会であるかのごとき幻想が蔓延する。

「民主主義的側面」が救い出され、日本国民は自己免責を手にする。平和主義国家として再出発し、二度と戦争をしないと誓ったという欺瞞に安心して身を委ねることができる。

アメリカの黒人差別や南アフリカのアパルトヘイトに眉を顰めながら、日本における人種・民族差別には鈍感な態度が一般化するのも、このためだ。端的に言えば、憲法前文と第９条を隠れ蓑にして、日本レイシズムは延命することができた。

４　ヘイト・スピーチ論議に見るレイシズム

日本国憲法のレイシズムを見事に体現しているのが、ヘイト・スピーチをめぐる憲法学説である。

ヘイト・スピーチの噴出、過激なヘイト・デモ、インターネットにおけるヘイトの蔓延に直面して、研究、対抗言論、カウンター行動が取り組まれ、ヘイト・スピーチ刑事規制の提案がなされた[7]。

これに激しく反発したのが表現の自由の優越性を呼号する憲法学者である。刑事規制の可能性を唱える見解もあるが一部にとどまり、多くはヘイト・スピーチの刑事規制に対して消極的である[8]。消極論にもさまざまな立場があるが、ここでは共通点を指摘する。

第一に、表現の自由をほとんど無条件に重要視するが、憲法第12条に言及せず、表現の責任を論じない。

第二に、表現の自由の重要性を民主主義に求める。民主主義とレイシズムは両立しないのに、憲法学説は民主主義を口実にレイシズム対策を放置する。

第三に、人間の尊厳を重視しない。人間の尊厳を明らかに排斥する見解すらある。そして、ヘイト・スピーチによる被害の軽視ないし無視が顕著である。

第四に、マジョリティの表現の自由の優越を唱える。マイノリティの表現の自由への視線をほとんど見ることができない。

第五に、安直に代替論を唱える。刑事規制ではなく、教育が大事である。対抗言論が重要である。民事訴訟が有効である――こうした言説が幅を利かせる。ところが、およそ具体性がない。いかなる教育によってどのようにヘイトを克服するのか具体的に提言した憲法学者はいない。ある憲法学者は、現場で対抗言論を駆使し、カウンター行動に取り組んできた論者に対して、カウンターこそ重要であると反論する。しかし、人種差別撤廃条約に明らかなように、差別とヘイトを克服するために教育、啓発、立法、政策、民事訴訟、行政指導、刑事規制のすべてを活用する必要がある。それでも差別とヘイトは容易にはなくならないのである。

憲法学の多数説は植民地主義に無自覚であり、レイシズムに貫かれていると言わざるをえない。日本国憲法のもとで培養されたレイシズムである。

四　本書の課題

以上は植民地主義とヘイト・クライム／ヘイト・スピーチをめぐる荒っぽい素描に過ぎないが、私たちが無自覚のうちに植民地主義者になる歴史的背景を示している。

本書は、差別とヘイトの根源の一つである植民地主義の克服という視点から、歴史と現在を往還しつつ、反差別、反ヘイト、自己決定権という視座を打ち出すことを課題とする。

第二部「植民地主義——差別とヘイトの根源を問う」では、日本における植民地主義の諸相、及び植民地主義との闘いの一端を提示する。

第三部「在日朝鮮人に対する差別とヘイト」、第四部「アイヌに対する差別とヘイト」、第五部

「琉球に対する差別とヘイト」では、東アジアにおける植民地主義の実相を明らかにするとともに、これに対する抵抗と権利回復の運動を各論者がそれぞれの経験と思索をもとに論述する。

最後に、植民地主義を克服するための視座の一つとして東アジア共同体論を提示し、その理論的かつ実践的射程を考察する。

註

（1）現代世界における差別とヘイトについて、前田朗「序章　グローバル・ファシズムは静かに舞い降りる」木村朗・前田朗編『21世紀のグローバル・ファシズム』（耕文社、2013年）参照。

（2）東アジアにおける日本植民地主義につき、徐勝・前田朗編『文明と野蛮を超えて――わたしたちの東アジア歴史・人権・平和宣言』（かもがわ出版、2011年）。

（3）筆者は、父方も母方も屯田兵、アイヌモシリへの植民者の一族である。叔父の一人は「シナ事変」、もう一人は沖縄戦で死亡した。長年にわたり東京に居住し、大学に勤務しながら研究・教育を続けている筆者の身体と経験を貫いている植民地主義とは何かを問い続けることが課題である。植民地主義をめぐる議論においてさえ、歴史抜きに「客観性」を仮構し、自らの立場性を無視する議論が横行しているが、常に検証する姿勢を失うべきではない。

（4）新垣毅『沖縄の自己決定権』（高文研、２０１５年）。
（5）前田朗「日本国憲法とレイシズム」『部落解放』７４４〜７４６号（２０１７年）。
（6）権赫泰・車承棋編『〈戦後〉の誕生——戦後日本と「朝鮮」の境界』（新泉社、２０１７年）。
（7）ヘイト・スピーチ刑事規制について、師岡康子『ヘイト・スピーチとは何か』（岩波新書、２０１３年）、金尚均編『ヘイト・スピーチの法的研究』（法律文化社、２０１４年）、前田朗『ヘイト・スピーチ法研究序説』（三一書房、２０１５年）。
（8）憲法学説の検討として、前田朗「ヘイト・スピーチの憲法論を考える」『情況』第４期（２０１５年）、「憲法の基本原則とヘイト・スピーチ」『部落解放』７３５号（２０１７年）、「日本国憲法はヘイト・スピーチを許していない」『部落解放』７４２号（２０１７年）、「ヘイト・スピーチに関する憲法学説——民主主義観をめぐって」『社会評論』１８９号（２０１７年）参照。

二　植民地主義——差別とヘイトの根源を問う

2 「継続する植民地主義」という観点から考える沖縄

――沖縄シンポジウム「継続する植民地主義と琉球／沖縄の自己決定権」での発言[1]

中野敏男

今日は、お招きありがとうございます。このシンポジウムに私を招いてくださったというのは、その理由に、私が『継続する植民地主義』という論文集を出していることがあると思います。2005年のことで、もう11年も前になってしまったのですが、その本を出した立場から沖縄の問題について考えを述べよという課題をいただいて、この席におります。

一　沖縄の思想に学ぶ

そこでまず、その論文集と沖縄との関わりからお話ししたいと思います。この『継続する植民地主義』には『沖縄の占領と日本の復興』という姉妹編の論文集がありまして、後者はやや遅れましたが、二冊は並行して出来た同じ問題意識の本です。そしてこれらは、実は1998年頃から本格的に始まった沖縄の研究者とわれわれとの共同研究の成果なのです。研究交流はもう20年くらいの歴史があって、琉球大学の波平恒男さん、それから残念ながらお亡くなりになりましたが沖縄大学の屋嘉比収さんが沖縄側の中心メンバーでした。このお二人は議論を独自に発展させた別の単著も出されていて、それらと連携しつつ、全体として『継続する植民地主義』と『沖縄の占領と日本の復興』という研究成果になったのです。そこで、この共同研究の中で、どんな問題が出てきたのか、どう問題を考えてきたのか、ということを思い起こしてみたいと思います。

1　新川明「反復帰論」に学ぶ

共同研究が本格的に始まったのが98年なのですが、その翌年の1999年には、沖縄の大切な思想家である新川明さんがわれわれの研究会で講演をしてくださっています。その時は「自分史のなかの反復帰論」というテーマでの講演でしたが、それが発展して、2006年には『前夜』という雑誌の企画で新川さんへのインタビューもしています。そのインタビューには屋嘉比さんも参加してくださっていて、そのやりとりの中に、反復帰論と植民地主義という問題が、あるいは沖縄を植民地主義の観点から考えるという問題が触れられている箇所があります。

そこで屋嘉比さんは、60年代に沖縄にあった復帰論、復帰運動に対して、60年代の後半でしょうか、新川明さんを中心に沖縄の何人かの方々が出された「反復帰」という概念について、どういう考え方がそこにあったのかを述べられています。それによりますと、沖縄が米軍の圧倒的支配、暴力的な支配の下におかれていて、そこからどう離脱するかというときに、復帰論は、日本に帰属することでそこから脱しようという考え方にたった。そこでは「のめり込む」と言っていますが、この国家的なものに依存しようとする考え方、そのこと自体に対して新川さんは異を唱えた。それが「反復帰」を言い出した時の最初の意味で、当時は「植民地主義」という言葉は使わなかったけれど、実際には「植民地主義」を、「自分自身のなかの植民地主義」を問い返すことだったと、そうおっしゃっています。

それが2006年のことで、その頃から「植民地主義」という言葉が前面に出ているのですが、実はそのずっと以前から、われわれの研究交流の中でそれは議論されていたのです。東京にいたわれわれとしては、まずは日本の加害として植民地主義を批判するという観点から考え始めたのですが、沖縄に行ってパートナーに出会い、植民地主義を多面的に捉える観点から共同研究をしようということになった。するとそのことを新川さんはずっと深いところ、すなわち、「自分自身のなかの植民地主義」を問い返すという問題にまでつなげて受け止められた。国家を批判するにしても「国家を支える精神を批判」する、「それが一番大事だと思うんです」と、そこでおっしゃっています。(2)

植民地主義を本格的に考え始めたのは90年代のことですが、われわれとしては、やはり最初は朝鮮、台湾に即して、その問題意識が始まっています。そこでは、朝鮮と台湾は既に植民地ではなくなったという考えに対決するという意図がありました。一般には、朝鮮と台湾は１９４５年に解放を迎えたと言われていて、その解放後に両者は分断国家になったけれど、とりあえずは独立したと考えられている。その意味でもはや植民地ではない、と。すると、アメリカと日本があって、それに従属する構造をどう捉えればいいのか。

ですから、植民地ではなくなった後に、植民地や植民地主義は語れるのか、ということがつねに問題として意識されていました。そのことに、歴史学として植民地研究を専門にされている方からは反対がありました。いくら従属関係があったとしても、植民地支配のもとにあった状況と植民地支配から脱した状況とを、一つにくくって「植民地主義」を考えてしまうと、植民地支配の責任がかえってあいまいになるのではないか、という反対です。それに対してわれわれは、確かに「戦後」と言われるこの時代には植民地はなくなり、植民地支配は終わったと見えるけれど、そこになお植民地主義という問題を考えなくてはならない状況があるのではないのか、そう考えたわけです。そこから問題意識は沖縄に広がり共同研究が始まって、それを沖縄ではずっと深いところで受け止めてくださった。それが新川さんのお話だったわけです。

そしてそのことを受けながら、波平恒男さんと屋嘉比収さんは、問題をさらに広げ深める研究をされていきます。

2　波平恒男『近代東アジア歴史のなかの琉球併合』に学ぶ

一昨年になりますけれど、２０１４年に、波平恒男さんは『近代東アジア史のなかの琉球併合』という大著を出されました。われわれとしてはこれを、共同研究から広がって実ったとても嬉しい成果だと思っています。この本のポイントは、従来「琉球処分」と言われてきた事態を「琉球併合」と言い換えることです。この「併合」と呼ぶという問題意識に注意していただきたいのですが、それは、「処分」と言われてきた事態を植民地主義の併合の歴史の中に位置づけ直すということなのです。

これまで沖縄については、「日琉同祖論」をめぐる議論がありました。日琉同祖――日本と琉球が同根、同系であるという主張があって、それに対して、いやそうじゃないという反対論がある。でも、よく考えてみると、「同祖」を主張するにしろ反対するにしろ、それは日・琉という二項関係でものを見ている。これに対して波平さんは、その枠組みそのものを根本的に変えていかねばならない、という問題提起をします。つまり「琉球併合」は、台湾領有それから韓国併合の歴史に続いていて、帝国日本の植民地主義の第一歩として見るべきだという主張です。それを言うと、いやもっと前に「蝦夷地」があるじゃないかという話が出るかもしれませんが、それはともあれ、まずは植民地主義の歴史のなかでそれを捉えようということですね。

ところで、この「琉球併合」という言い方には、また別次元の深い認識が含まれていることに注意したいと思います。それは、事態を独立王国琉球の日本帝国による植民地化と見る歴史の見方、ここにも実は二項関係の捉え方があるわけですが、その見方も相対化しようという、あるいは、もっと広い視野から考えようという問題提起です。それは近代東アジア史全体の見直しということで、「琉球併合」についても、東アジアの帝国支配の全体の転換、つまり、かつて中華帝国の大きな冊封体制があって、それが全体として近代帝国日本の植民地主義の展開の中に再編されるという歴史の構図、つまり帝国の構造の大再編という全体構図の中で捉えよう、という広い視野の主張があるのです。そういう意味でそれは、琉球対日本という二項関係を超えた、外への視点を持っているのです。

しかももう一つ重要なのは、それの内側への視点です。それはまず中華帝国の冊封体制全体のなかで琉球を捉えるわけですが、そう見ると実はその中には奄美、八重山、沖縄とあって、それぞれ歴史が違い支配構造上の地位も異なると分かります。それなのに、その全体を一口で「琉球王国」と言って、一国の枠組みで単純にとらえていいのか。将来的にどうしていくべきかという問題はまた別にして、少なくとも歴史的にみれば、琉球を一国としてまとめて捉え、それを当然視する見方についても考える余地があるわけですね。東アジアの植民地主義を、帝国主義の複合その全体構図から捉えるとは、そういうことです。

3　屋嘉比収『沖縄戦、米軍占領史を学び直す』[3]に学ぶ

それから、つぎに屋嘉比収さんの『沖縄戦、米軍占領史を学び直す』という本です。この本においても、植民地主義という観点からする重要な問題提起がありました。先ほど新川さんとの関わりで「内なる植民地主義」ということが出ました。そのことを屋嘉比さんは、戦後世代が沖縄戦の当事者となる試みにおいて語られています。つまり、自分は沖縄戦を経験していないのだけれど、戦後世代ですから実際には経験していないけれど、それを自分の問題としていかに問い返すのかという問題提起です。こんな風に言われています。「集団自決」についての話ですが、それを考える時に、「タテ構造による『強制』と、住民の『自殺』という形容矛盾を包含した概念である『強制的集団自決』という語句にこだわってみたい」[4]と。「集団自決」というのは、それを単純に「自決」とだけ言うと、自分たちが勝手にやったという意味になります。これでは、そこにあった「強制」が消えてしまいますね。このことについて、日本軍の元司令官が強制はしてないと主張していますから、いやここに強制はあったとはっきりさせる。これが第一です。とはいえ、強制があったというだけで済むかという問題、それを屋嘉比さんはさらに提起されます。強制が

あったのは紛れもない事実だけれど、もう一方で、そのことを受け止めた自分たちがいる。皇民として教育をうけてきてしまって、その中で、その流れの教化、訓練の中で、そのことに順応してしまう自分たちがいたのだ、と。新川さんの言い方では「内なる植民地主義」ということになりますが、その順応した自分についての反省が十分ではないと、またそれを自分自身がやってしまうかもしれない。そこまで考えないといけない、と言われるのです。

これはすごい思想だと思います。沖縄の住民として語りかける「自分たち」は被害者です。沖縄戦の被害者ですし、「集団自決」の被害者なのです。その中から反省を始めようと提起する。強制があったことをもちろん前提にしながらも、自分たち自身についての問題を思想的に振り返るということ、そこまで思想を深めていることが、すごい。沖縄が生み出す思想として、大きく深い精神が示されていると思います。

もう一つは、「米軍占領史」を学び直すということです。米軍占領史と言えば、アメリカの植民地支配である、とすぐ簡単に答えられるように思います。アメリカの銃剣とブルドーザーという圧倒的な暴力があるわけですから、そこまでで考えを止めてしまう。これに対して、それは実は日米合作の植民地主義ではないのか、とまず考えを進めることです。よく言われるように、マッカーサー発言というのがあって、それを受けてその統治を進んで認める天皇メッセージがあります。そのマッカーサー発言があった1947年6月とは、1947年5月3日すなわち日本国憲法施行日の直後なのですね。その時期に、沖縄の帰属について、アメリカと日本のトップが、しかも、占領の責任者と日本国憲法で象徴になったはずの天皇がやりとりをしている訳ですね。これは日米合作の植民地主義と言わざるをえない、ということです。

しかも屋嘉比さんは、そこで植民地主義をもう少し深く多面的に捉えようとしています。沖縄戦の位置づけですね。沖縄戦についていては、沖縄は明らかに日本帝国の植民地で、それ故の被害だったということ、これは前提ですけれど、屋嘉比さんはそこから考えを先に進めるのです。そのような被害を沖縄にもたらした沖縄戦は、それをアジア太平洋戦争としてだけみると、その最後の地上戦だったと位置づけられる。しかし実際は、それはそのつぎに続くのです。そのあとの「戦後」、つまり45年以降を考えていくと、実は沖縄戦が最後ではなくなる。47年には台湾の二・二八事件があり、48年には済州島の四・三事件があり、50年から53年には朝鮮戦争と、このように後に続いている。すると沖縄戦は、むしろそれらの出発点と考えなければならなくなる。

しかも、それは単に時系列に並んでいたわけではありません。つまり、台湾・朝鮮で戦場、戦争があったその時に、沖縄は占領されていて、その反面で日本は復興していく、これらが同時に併行しているわけですね。しかも、それらは単に時間的に併行しているだけでなく構造的に関係していて、同じことの、同じ事態の3つの側面だ、と考えなくてはいけない。つまり、日米合作の植民地主義の下では、戦場と占領と復興が時系列に順番に並ぶのではなくて、同時に重層的に起こっている。それが日米合作の植民地主義の実態だということです。そうすると、日本の復興は実は戦場と占領に依存しており、沖縄の占領も戦場との関係にある、と分かる。戦後の日本は平和と民主主義の下で復興したと言ってきたけれど、それはこの形で戦場と占領に依存していたのだった。とすれば、このように戦場と占領に依存する「平和」は平和なのか、という問いは不可避でしょう。

二　日本の「戦後」を問い直す

ここから日本「本土」に問いが跳ね返ってきます。つまり、連携する日米合作の植民地主義が、日本「本土」ではどういう現象として現れていたかという問題です。

小熊英二という人が、『民主と愛国』という本を書いて、かなり話題となりました。現在では標準的な戦後論として多くの人に支持されているかと思います。これを見ますと、「「灰燼の中から新たな日本を創り出すのだ」という戦死した学徒兵の遺稿の言葉は、敗戦に直面した多くの人びとに共通の思いであった」(5)と書いてある。日本は戦争ですっかり灰燼に帰し、ゼロから再出発をした、と。そう言われてみると、確かにそれは今日の日本で標準的な戦後認識ですね。すべてを失ったところから再出発し、勤勉な日本の人々の努力により立派に戦後復興をなし遂げてきた、と多くの日本人が考えています。

ところが、それは違うという証言があります。敗戦直後の経済政策に深く関わった有沢広巳という経済統計学者の証言です。有沢は、日本経済はまさに戦時に戦争をするために生産力を高め、この戦争によって高められた経済の力である生産力というのは、敗戦によっても全然失われていない、と言っています。これは、ちょっと不思議な証言ですね。工場とかは確かに多くが空襲で焼けて、それにより経済の生産力も破壊された、と普通は思います。しかし、有沢によればそれは違うのです。生産力というのは、工場とか会社の建物のことでしょうか、そうじゃないというのですね。ちょっと簡単に言いますけれど、それは人間のチームの力なのです。例えば、戦争中に砲弾をつくり戦車をつくり続けると、そこには砲弾をつくったり戦車をつくったりするのが得意な人間のチームができます。そのチームは、畑を耕したり、牛を育てたり、それは不得意です。でも、砲弾や戦車作りは得意で、それは機械工業のための生産力の基礎になります。と言うより、それが生産力そのものだというのが有沢の考えです。つまり、戦争に負けた日本人たちにとって、戦車や砲弾を作る工場は焼けちゃったとしても、戦車、砲弾をつくるのは得意な人々のチームの力は残っている訳です。そうすると、あらためて戦車や砲弾への需要が起こり、そこに資本が投入されるなら、それをまた立派につくり出すではないですか。それが有沢の見ていた生産力です。

このように説明するとお分かり頂けると思います。日本の戦後には、実はそういう戦車への修理）や砲弾への需要がまさに生じたわけです。占領の遂行と反共のために、まずアメリカの軍事援助でお金がつぎ込まれます。ヨーロッパでは東側に共産圏ができていくので、反共政策のためにアメリカが軍事予算をつぎこんで西ヨーロッパを再建しようとした。それが「マーシャルプラン」ですが、同じようなことを日本でもやっていて、それが「ガリオア・エロア」という基金です。6年間で18億ドル。マーシャルプランを見ると、その全体が102億ドルで、イギリスには23億ドル、ドイツには12億ドルです。これに対して、日本へは18億ドルです。お金がそれだけつぎこまれ、しかもそこに戦争の需要が生まれたのです。「朝鮮特需」ということですが、これについてはかなり知られていますね。朝鮮特需が日本の戦後復興に役立ったとはよく言われますが、考えておきたいのはそれによりどういう性質の復興になったかという点です。事実は、戦時中に戦車とか砲弾をつくって戦争をやっていた日本は、それが得意となり、その得意技を生かして「復興」に進んだということです。そんな日本を「基地国家」と呼ぶ人がいます。つまり戦後の日本では、戦争の需要に応じる国民経済が継続したわけです。この経済の体質が、つぎに問題となります。

朝鮮特需が復興に大きな力になったと言いましたが、戦争というのは時が来れば終わりますね。朝鮮戦争もやがて「休戦」です。ところが、日本にとっての「特需」は実はそれでは終わらなかった。というのも、そこに起こるのが「賠償特需」です。1952年にサンフランシスコ講和条約が発効して、その取り決めにより、日本は関係各国と個別に条約を結び、賠償の支払いに向かいます。それが、日本にとってはもう一つの「特需」の効果を持つことになったのです。

サンフランシスコ講和条約によれば、戦争中に日本が占領しなかった地域の国々には、日本は賠償金を払わなくていいということになります。それに対して、日本が占領した地域の国々には、個別交渉で妥結した額の賠償を払うように取り決められました。普通に考えると、それは復興に向かう日本にとって厳しい負担になるはずです。第一次大戦の敗戦国ドイツは、その負担に苦しみました。ところが、米英に主導されたサンフランシスコ講和条約では、その個別賠償を日本は日本人の役務や生産物によって払うということになりました。これに必要な生産物、それを日本で作って引き渡せということですが、日本の産業界にとってはそれも一つの需要なのですね。すると、それをつくる資金はどうしたか。それには、まずはアメリカの援助があり、そのつぎは世界銀行からの融資を受けて、その借りたお金が資本となる。このようにして、戦争と賠償の需要に応じつつ、まずはそれに向けた経済により日本は「復興」していくわけです。

それでは、その戦争と賠償の需要に応じる経済というのは、どんな経済でしょうか。戦争需要が「基地国家」を生むというのはわかりやすいと思います。すると、戦後賠償はどうでしょうか。そこで、賠償を払った相手は誰なのか、考えてみなければなりません。それは、「開発途上国」の長期政権です。その頃に、かつての植民地がつぎつぎと独立して連携し第三世界というのが成立します。しかしこの第三世界は、それが成立した直後から、これは残念なことですけれどだんだん変質を起こします。朝鮮では戦争が起こりましたね。それと似ていて、冷戦状況の中で多くの新興独立国に内戦や独裁が生起します。そこで日本は、その内戦か独裁の国々に戦後賠償を支払うことになるのです。

要するに、日本の戦後賠償は内戦や独裁に供給されており、その戦争や独裁に連携する特需経済によって日本の復興は進んだと言わざるをえないのです。さきほど、沖縄と日本について、戦場と占領と復興が一体的だと申しました。それを考えると、こちらでは、戦場と独裁と復興が一体的に進む同じようなことがとても大規模に起こっているわけですね。

しかもこのような構造は、賠償にとどまらず、実はＯＤＡ（政府開発援助）にまで続いています。そして現在、第二次安倍政権がどれだけ外国を訪問して、「援助」や「借款」を乱発しているかご存知でしょうか。安倍内閣は、岸信介という彼の祖父を含め、戦後日本の歴代内閣がやってきた同じことをこの現代にやろうとしているわけです。要するに、植民地独立後に成立した第三世界が、軍事政権・軍事独裁に変質し反共開発主義に進んだとき、それを軍事力で支援したのがアメリカで、物資をつぎこんだのが日本なのです。そのようにして日米の帝国主義と反共・開発独裁が連携し、それが構造化して、ここに連携する植民地主義ともいうべきものが成立したと見ることができます。

このような「戦後」の構造は、確かに領域支配としての植民地支配とは異なるけれど、これもまた一つの「植民地主義体制」と言えるのではないでしょうか。かつて、第三世界の旗揚げとなった1955年のバンドン会議で、開会宣言に立ったインドネシアのスカルノ大統領はつぎのように述べました。

「どうぞ植民地主義を、インドネシアやアジア・アフリカの他の地域で見られた古典的な形態でだけ考えないでいただきたい。植民地主義は、ネイションのうちにある小さな外部グループによる経済的、文化的、あるいは物理的な力によるコントロールという、モダンな装いを取ることがあるのです」

これはスカルノ自身が世界に向かって述べた警告でした。それなのに、本当に残念なことですが、その当のインドネシアでも後続のスハルト政権の下、最近明らかになってきたような大量虐殺が起こっている。連携する植民地主義と開発独裁の共犯は、多くの地域で人々に同じような苦しみを強いてきたのです。

三　領域国家を超えて

それでは、この植民地主義をしっかり踏まえた観点に立つと、沖縄について、特にその自己決定権について、何が語れるでしょうか。特別に斬新なことはありませんが、ここで言えるいくつかについてだけ述べます。

その一つは、沖縄の自己決定権を、日本と琉球という二項関係だけで捉えていると、そこには重大な落とし穴があるということです。話題になっている「本土の基地引き取り」という議論を考えてもいいです。韓国の権赫泰《クォン・ヒョクテ》さんは『琉球新報』に寄せた一文で、沖縄の普天間基地問題が、韓国の海軍基地、江汀《カンジョン》と言いますが、その済州島の基地整備と密接な関係を持っており、これら両方を連関させて考えなければ問題は解けないと言っています。つまりそれは、日米あるいは日琉という二項関係に閉じられた問題ではなく、東アジアの連携する植民地主義と軍事体制の全体にかかわる問題だというわけです。だからそういう視野で考えないと、沖縄の過剰負担とそれに対する日本の責任を痛感して善意で提案していることが、沖縄の負担を軽減することなく東アジア全体の軍事基地整備に寄与するという形で、連携する日米合作の植民地主義を直接に強化する主張にもなりかねないのです。それは朝鮮から見ると大きな脅威になります。

そして、同じことの裏面ではありますが、琉球対日本という二項関係で捉えていると、あらためて国家という枠組みに絡め取られかねないということがもう一つあるでしょう。それは、新川さんが批判したような「国家的なものに依存する」という意味で「のめり込み」に進んでしまう危険です。だから二つ目は、解決を国家的な独立か日本への包摂かの二者択一に固定せず、さまざまな他の可能性に視野を開いて考えるべきだ、という点です。

これはまだ具体的な提案とは言えませんが、この連関で考えてよいのは、琉球と日本との関係を含めて「日本」という国家の全体構造の解体再編を展望するということでしょう。つまり、日本という国家の枠を全体として緩め崩し再編していくこと、それにより主権国家日本をまるごと相対化して、日本の境界を内外からいわばスカスカに風通しよくしてしまう、そんなことです。

沖縄琉球の独立という議論につなげて言うなら、日本諸島の歴史と現在の全体からすれば、単に分離独立するということでは決して済まない問題がいくつも残るはずです。そもそもこれまで述べてきた植民地主義の歴史があって、その過程で構造化された社会的・経済的連関があり、在日する諸民族も存在し、そこに堆積した日本国家の責任もなお残っていて、それは日本—琉球という二項関係だけ見ていては完全には清算されえないものです。それを含めて考えれば、日本国家自体を全体として変化させて、一方で国家として引き受けるべき責任をしっかり果たさせつつ、全体構造を組み替えて、主権の枠は次第に緩くしていくという方向で考えるしかない。この主権国家の境界を緩くして、さまざまな地域、沖縄はもちろんそうですが他の地域も含めて、それぞれの自己決定権を承認するような、あるいは自己決定権を行使できるような場面を広げた体制にする、そういう問題です。

これは一気に進むわけではありませんが、外国人参政権のこととか、関税システムとか、出入国管理というような問題から一歩一歩進めていくのであれば、決して夢想ではありません。また、外交という、これまで中央政府の専権事項と見なされて地方は口を出せなかった領域に手をつけていくこともできるでしょう。「民間外交」というのはすでにさまざまに機能していますが、それればかりではありません。「経済連携協定」、「人的交流協定」、「文化交流協定」など、地方団体が「主権」を行使して外交関係を広げていく。そんなことも実は可能だと思います。現に今日では、主権国家の枠組みは、世界のさまざまな所で相対化されています。国家の枠を超えた共同体が形成されたり、一国家の中の地域が地域として自決権を主張したり、さまざまな動きが実際に現れているのです。日本の安倍政権は、それに逆行し国家の枠を強化しようとしていますが、われわれはそれとは全く逆の方向を構想し、その方向に歩み出す、そんな意識と行動が必要と思います。これは東アジア共同体構想を含めこの地域を広く見通した関係の改変につながる問題であり、創意工夫の問題でもありますが、まずはさまざまなかたちで日本という国にたくさん穴をあける。それを率先して進めるのは、やはりなにより本土の人々の責任だと強調したい。ここではメディアの役割というのもありますが、われわれ・一般人の責任も大きいだろうと考えています。

註

（1）本稿は、２０１６年４月24日に東京しごとセンターで開催された沖縄シンポジウム「継続する植民地主義と琉球／沖縄の自己決定権」における発言を加筆修正したものである。

（2）『季刊　前夜』９号、特定非営利法人・前夜、２００６年、70頁。

（3）波平恒男『近代東アジア史のなかの琉球併合』岩波書店、２０１４年。

（4）屋嘉比収『沖縄戦、米軍占領史を学びなおす　記憶をいかに継承するか』世織書房、２００９年、52頁。

（5）小熊英二『〈民主〉と〈愛国〉　戦後日本のナショナリズムと公共性』新曜社、２００２年、65頁。

3　ネット社会のレイシズム状況

香山リカ

一　はじめに――最大与党とレイシズムの奇妙な関係

衆議院選挙の公示を4日後に控えた2017年10月6日、東京の自民党本部に約250人が集まり、自民党ネットサポーターズクラブ（J‐NSC）の臨時総会が開催された。以下はその様子について報道された新聞記事からの引用である。

「質疑応答に移ると会場は盛り上がった。ある男性サポーターが『希望NO党』『一見民主党』などの表現は誹謗中傷か、と質問。自民党ネットメディア局長でJ‐NSC代表の平将明前衆院議員が『パロディーだからOKだと思います』と答え、笑いが起きた。別の男性が野党の代表と中国・人民解放軍兵士、女性候補と慰安婦のコラージュを投稿したと説明。問題はあるかとの問いに平氏は『個人のご判断だと思います』。会場に再び笑いが起きた。」（毎日新聞、2017年10月18日）

このJ‐NSCは2009年に発足した自民党公認のボランティア組織で、規約ではネット投稿のほか党のビラ類のポスティング活動も担うことになっているが、ネット上への書き込みは「自己責任で行う」とされ、他者との紛争には組織として「責任を負わない」と明記する。

そのため、上記の記事にもあるように「パロディー」という理解のもと、いわゆる野党や対立候補ネガティブキャンペーンが行われることもあると考えられる。さらに、それが「野党の代表と中国・人民解放軍戦士、女性候補と慰安婦のコラージュ」といった完全な〝ねつ造〟に対しても、自民党の担当者は「個人のご判断」と明答を避ける形で実質的には容認しているのだ。

そしてここで最大の問題と思われるのは、「中国・人民解放軍戦士」や「慰安婦」のコラージュが野党候補を貶める目的で行われ、結果的にそれが自民党を利することになるという考えが、集まったボランティアたちに共有されているということだ。もしそうでなければ、自民党担当者は「そういう発想や発信を自民党は望んでいません」と答えるであろうし、会場で「笑いが起きた」ということにもならないだろう。

つまり、規約によると「夢と希望と誇りを持てる日本を目指すため、党勢拡大をはかり、日本再建を実現する」という理念を持つ組織であるにもかかわらず、中国や韓国の人たちへの偏見や蔑視といったレイシズムを元に他党の候補者を批判するというロジックが使われているのだ。ここにおいて、「自民党の応援」と「中国や韓国へのレイシズム」とが地続きであることがわかる。

実はこのことはすでに、ネットメディア「LITERA」が２０１５年に指摘している。その箇所を引用させてもらおう。

「しかもこのJ‐NSC会員はかなりの部分で、いわゆるヘイト勢力やネトウヨともかぶっているようだ。たとえば、J‐NSCのツイッターアカウントをチェックしてみたところ、アイコンに日章旗や旭日旗を飾っている者が少なくない。プロフィール欄にも、『反日』や『嫌韓嫌中』など、ネトウヨの決まり文句が並んでいる。具体的には以下のような感じだ。

〈左翼撲滅。憲法第9条廃止。自衛隊を国軍へ。原潜と核抑止力保有。交戦権明記。自主憲法制定。日教組解体。外国人参政権（帰化人親子4代参政権）反対。夫婦別姓反対。共同親権と面接交渉の法制化。国家と君が代への忠誠。愛国心教育。打倒中国韓国北朝鮮&左翼労組&民主党。北朝鮮は拉致被害者を返せ！通名禁止。在日特権廃止。J‐NSC会員〉

〈嫌中韓。安倍政権絶対支持！　＊パチンコ廃止を求める会会員／J‐NSC会員／在特会支持　ジンケン派や放射脳・サベツ主義者は嫌い。国の安全・平和は強力な軍事力がバックボーンにあってこそ。自衛隊を国軍に、憲法九条は改正必要！〉

他にも『日韓断交希望！嫌韓嫌中』『今、日本は売国奴の手によって切り売りされようとしています』『保守支持！日本大好き、韓流嫌い！』『特亜、マスゴミ、放射脳、地球市民、反日似非日本人は大嫌い』『ネトウヨ上等！　国士上等‼』といった自己紹介をしているJ‐NSC会員がやたら多く、しかも『在特会支持』や『在日特権廃止』を堂々と公言するなど、ヘイト勢力との親和性も非常に高い。」（「ヘイトを利用する自民党のネット戦略（上）」『LITERA』２０１５年1月10日、http://lite-ra.com/2015/01/post-776_2.html）

二　なぜ権力とレイシズムは親和性が高いのか

ここで疑問を感じるのは、「なぜわが国の政権与党である自民党の支持者が排外主義でなければならないのか」ということだ。彼らが支持しているのはいまの日本における最大の権力なのだから、わざわざ中国や韓国への敵意をむき出しにしたり、日本の在日コリアンへの差別煽動を表明したりしなくてもよいではないか、と思わざるをえない。

しかし、彼らはどうやら自分たちが権力サイドの圧倒的な多数派だとは考えていないようなのである。しかも、それは匿名のネットユーザーに限ったことではない。

２０１５年11月、すぎやまこういち氏、渡部昇一氏（故人）、ケント・ギルバート氏、上念司氏らの呼びかけで任意団体「放送法遵守を求める視聴者の会」が設立された。現在のテレビ報道は偏向しており、放送法第４条が求めている「放送の公平さ」が守られていないとしてテレビ番組を検証するのが同会の目的だとされているが、その主張は「安保関連法案では反対意見ばかりが報道されている」「加計学園をめぐる一連の報道は史上最悪の偏向」と訴えるなど、その監視対象は自民党や安倍総理を批判する報道に限られている。

同会は2017年2月3日、「今年1月2日に、東京のローカルテレビ局『東京MX』が放送した報道バラエティー番組『ニュース女子』において、沖縄・高江の米軍ヘリパッド建設に反対し現地で活動している人々について、沖縄での取材VTRとスタジオでの議論が放送されました。」として同番組に関する見解をフェイスブックで発表している（「『ニュース女子』の沖縄報道をめぐる問題について」、https://www.facebook.com/housouhou/posts/1649167942053236:0）。

この番組は、沖縄で辺野古への基地移転や高江の米軍ヘリパッド建設に反対して現地で活動している人々について、「シルバー部隊」「狂暴な人々」「日当が出ている」などといった一方的な見解やデマを報じ、スタジオでは出演者たちが嘲笑しながら「黒幕がいる」「カネがジャンジャン集まる」などさらにデマの上塗りをするという悪質さで、大きな社会問題にまでなったものだ。

同会の見解のまとめの部分を引用しよう。

「▼『メディアの全体主義』への危惧▼
▽今回の『ニュース女子』は、詰めのあまい取材や恣意的な編集には多分に問題があるものの、『沖縄報道の全体主義』に一石を投じようとしたものです。当会が最も危惧するのは、この問題を機に、報道に多様性をもたらそうとする番組制作者の挑戦的な試みが萎縮し途絶えてしまうことです。
▽そうなれば、『メディアの全体主義』が永続化し、我が国の民主主義を脅かす致命的な悪影響

を及ぼす恐れがあるものと当会は深く憂慮いたします。
▽放送法第4条の編集準則は、あくまでも各論が各論として公平・公正に紹介される報道環境を目指すためにこそ存在するのです。放送法第4条を、一方の言論を封殺する道具にしてはならないと当会は考えます。」

つまり、同会としては沖縄の基地反対運動に関するこれまでの報道は「全体主義」だとして、この番組を肯定的に評価しているのである。さらに同会が3月に開催した記者会見では再度、この問題が取り上げられ、すでにある放送番組検証機構BPO（放送倫理・番組向上機構）の解体と新たなチェック機関の設立の必要性が訴えられた。次はその記者会見で配布された資料から引用である。

「昨今のテレビ報道の全体を見わたしてみれば、基地建設への反対の意見のみをクローズアップしたものがほとんどで、沖縄報道の全体主義といえるような状況です。」

おそらく沖縄の基地問題に関心がある多くの人たちは、「全国メディアでの報道量が少ない」「もっと沖縄に基地が集中していて沖縄県民だけが負担を強いられている現実を報道してほしい」「基地反対活動で機動隊などによる暴力的な排除が行われたり、機動隊員から『土人』という発言が出たりするのは、沖縄への差別が根底にあるからだ」といった意見を持っているはずだが、同会は「自分たちこそが少数派だ」と訴えようとしているのだ。そして、基地反対活動に批判的な自分たち、もっと言えば基地建設を推進したい自分たち――それはとりもなおさず現政府の立場である――こそが報道の自由の機会を奪われ、言論弾圧を受けている、という主張なのである。そして自分たち力も弱く数も少ない少数者、社会的マイノリティなのだから、多少、取材不足でも沖縄の基地反対派の〝実態〟をあぶり出すような番組を作ったり発信したりするのは、自分たちが受けている抑圧に対する正当な権利の行使であり、果敢な抵抗なのだ、と言いたいのだ。

ここに見られる「社会的マジョリティ‐社会的マイノリティ」「加害‐被害」の逆転とそれに伴う「自分たちにこそ抵抗者の正義がある」という確信こそ、「政権与党のサポーターが少数者である在日コリアンへのヘイトを続ける」という現象の核にある構造だと思われる。

もちろん、これはまったくの詭弁である。沖縄に関する問題だけに限っても、沖縄県が自分たちの立場を明確に表明している。沖縄県は県の公式ホームページにも掲載されている「沖縄から伝えたい。米軍基地の話。Q&A　Ｂｏｏｋ」のQ17「沖縄県は辺野古新基地建設に反対していますが、日米安全保障体制に反対なのですか」への回答を見てみよう。

「いいえ。沖縄県は日米安全保障体制を理解する立場です。

沖縄県は、日米安全保障体制については、これまで日本と東アジアの平和と安定の維持に寄与してきたと考えています。また、国の調査においても、『日米安全保障条約は日本の平和と安全に役立っている』とする回答が82・9％となり過去最高を記録するなど、その重要性に対する理解が多くの国民に広がっています。

しかし、我が国においては、沖縄の米軍基地の機能や効果、負担のあり方など、安全保障全般について国民的議論が十分なされてきたとは言えず、戦後71年以上経た現在もなお、国土面積の約0.6％しかない沖縄県に、全国の米軍専用施設の約70・6％が集中しています。

沖縄県としては、辺野古新基地建設問題等を通して、日米安全保障の負担のあり方について、改めて日本全国の皆様で考えて頂きたいと思っています。」

ところが、こういった県の公式見解などを伝えても、「自分たちこそ抑圧されている被害者だ」と訴え続ける人たち——実は権力サイドに立ち、マイノリティを弾圧している加害者であるのだが——はいっさい耳を傾けようとしない。

ではいったいなぜ、権力サイドにいる人間が「私たちこそ被害者だ」と考え、自分たちを〝弾圧〟しているとしてマイノリティを差別したり排除したりしようとするのだろう。その心理をもう少し考えてみたい

三　背景にある〝悪性の自己愛〟

客観的に見ればそうではないのに、自分たちこそが被害者であり正義の抗議者である、と考え

るレイシストたちは、いったいなぜそのように感じるのか。おそらくその根底には、「こんなはずではなかった」と現状に懐疑的で、さらには「本来はもっと自分は利益を得てもよかったはずだ」と自身の万能感を信じ、それにもかかわらずいまは不当で不本意な目にあっているという確信があるのではないか。

次に、「なぜ本来、自分に与えられるべき恩恵が欠けているのか」と考えたときに、「自分ではない誰かがそれを搾取している、横取りしているからだ」と解釈する。

そして、「ではそれは誰か」とあたりを見回して、そのときどきで「在日コリアンだ」「沖縄の基地反対派だ」「アイヌに違いない」と「妄想の搾取の主体」をでっち上げ、それを攻撃するのである。

ここでまず大きな間違いは、「私は本来、もっと恩恵を受けてよいはず」という発想だ。その人たちの多くはときには権力者であり、そこまででなくてもそれなりの社会的地位があったり仕事についていたり、そもそも日本におけるマジョリティである日本人や男性であったりするのだから、それ以上の「恩恵」など望むほうが間違いなのだ。しかし、「いや、本当はもっと活躍したり注目されたりしてもよかったのだ」と際限のない社会的成功や報酬の幻想を追い求める。これは幼児的な自己愛の幻想そのものだ。

さらに彼らは、その幼児的な自己愛が満たされないときに、落ち込んだり自信を失ったりするのではなく、「こいつのせいで私に本来、与えられるべきものが奪われている」と勝手に「妄想の搾取の主体」を仮定して、それを激しく攻撃する。医学的には、自己愛性パーソナリティの範疇の問題であろう。

アメリカの精神科医であるオットー・カーンバーグは、病的に肥大した自己愛の持ち主である自己愛性パーソナリティ者には、「通常タイプ」と「悪性のタイプ」とがあり、後者の特徴として「攻撃性」をあげている。カーンバーグによれば、彼らは攻撃性を表現するときにのみ自己評価が高まり、自分の誇大性の確認を経験するという。

これはまさに、権力サイドにいながらレイシズムと妄想に基づいてマイノリティを攻撃することで、「自分は正義なのだ」と確認し、なんとか自分の心理的バランスを取っている人たちのことではないだろうか。彼らは〝悪性の自己愛〟を持てあましており、だからこそ標的を見つけては揶揄し、罵詈雑言を浴びせ、ときにはデマを拡散してまで排除しようとすることでしか自己を保てない人たちなのである。

四　ネット空間は閉じられた「エコーチェンバー」

そして、ネット空間がこの〝悪性の自己愛〟をさらに増幅させている可能性がある。

法学や法哲学を専門とするキャス・サンスティーンは、2001年に『Republic.com』という本の中で（邦題『インターネットは民主主義の敵か』、2003）、情報通信技術が進んだいま、自分の好きな情報だけを選んで、そうでない情報はシャットアウトする情報の「フィルタリング」という現象が普及しつつあることを指摘している。そしてその結果、インターネット空間は一見、世界に開かれているようでいて、実は同じような方向性でフィルタリング化された情報を共有する小グループが形成されており、その中で、ある特定の情報だけが限りなくやり取りされる「共鳴する部屋（エコーチェンバー）」の状態を作りあげている、と指摘している。

サンスティーンが同書を書いたころはまだツイッター、フィスブックなどのいわゆるSNSはなかったが、今日、そういったサービスを介してネット空間のエコーチェンバー化はますます進んでいる、と考えられる。たとえそれがひとりよがりの妄想に基づく発言であったとしても、同じように〝悪性の自己愛〟を抱えている人にとってはそれはまさに自分がもっとも聞きたかったり、ある意味で自己回復につながったりする発言である。そのため、彼らはそれに共感のコメント寄せるとともにSNSの機能を使って、それを拡散させる。

毎日新聞の記事によると（「沖縄・翁長知事　今も拡散『娘の留学、中国が便宜』のウソ」、2017年5月12日）、沖縄県の翁長雄志知事が、少なくとも2014年から「娘を中国に留学させ、中国当局に便宜を図ってもらった」という事実無根のうわさに苦められているという。翁長氏は「上の娘は県内に勤め、下は埼玉の大学に行き、一度も中国に行っていない」などと子ものプライバシーまで明かしながら否定し続けているが、SNSでのこの誤情報の拡散は現在も一向に止まない。同記事の中では翁長氏の「ネットを介した誹謗中傷の伝播は驚異だ。（人びとが）素直に信じ込むことに苦しさや寂しさを感じる」とその胸中も紹介されているが、基地建設に反対する「オール沖縄の会」が後押しする翁長氏に対して「権力に反抗する知事」という決めつけを行い、何度それは事実ではないと指摘されても完全なデマを用いて貶めようとする人たちが後を絶たないということだ。そしてその背景にあるのも、「中国に留学させた」としたらそれ自体が翁長氏の社会的地位を低下させるだろう、というレイシズムの発想である。

それを信じる人たちの〝悪性の自己愛〟とそこからの回復のために、閉ざされたエコーチェンバーで日夜、レイシズムに基づく発言やデマを発信し、拡散し続ける人たちが大勢いるという事態に、翁長氏ならずとも「驚き、苦しさ、寂しさ」を感じずにはいられない。

五　おわりに――ネット空間のレイシズムを乗り越えるために

これまで権力サイドとレイシズムの親和性、またレイシズムとネット空間の親和性について、それぞれ背景にある心理やネットの特性とともに見てきた。

では、どうすればそれを克服することができるのか？

もちろん、それに対してすぐに有効な〝処方箋〟などない。ネットであるいは現実空間で、レイシズムに基づく言動に対して、共感したり見すごしたりすることなく、厳しい態度ですぐに戒めることが必要なのは言うまでもない。ましてそれが差別の煽動であったりデマであったりする場合は、法的措置も含めた処罰が妥当であろう。そのためにも、現在のいわゆるヘイト・スピーチ対策法を、一日も早く罰則規定ももうけたものに改正することが望まれるのである。

しかしその一方で、一歩引いた地点から「なぜ彼らはそうするのか」という問題をこうして考え、処罰だけによらない〝根治療法〟を講じることもまた必要なのではないかと思う。もちろん、レイシストは〝治療〟を施す対象ではなく処罰の対象であるのだが、ネット時代の社会現象としてそれが次から次へと生まれる現状を鑑みると、その仕組みを理解し、より有効で本質的な解決策はないかと考えることは、決して彼らを赦す、甘やかすことではないと思われる。本稿がそのささやかな一歩になることを祈るばかりである。

4 ヘイトのこちら側と向こう側
――この社会を壊さないために

安田浩一

一 はじめに
――日常の中のヘイト、無自覚なヘイト

今日、このシンポジウムが始まるぎりぎりの時間まで、新宿（東京）で取材をしていました。外国人排斥を主張する集団が予告通りに集会とデモをおこなったからです。相変わらず醜悪な風景が展開されました。特定の人種、民族を攻撃し、差別し、「死ね、殺せ」と連呼するような者たちが、いまなお堂々と活動を続けているわけです。もちろん排外デモの全盛期と指摘されることの多い2013年前後と比較すれば、デモの動員数は落ちています。こうした活動の回数も減っているような印象もあります。かつては毎週末のように、各地で排外デモがおこなわれてきましたから。

しかし、問題は回数や動員数ではありません。差別と偏見で外国人の排斥を扇動するこうした

デモが、いまも繰り返されているということじたいが深刻な問題だと思うのです。16年6月に、いわゆるヘイト・スピーチ解消法が施行されました。同法では文字通り、ヘイト・スピーチのない社会を目指すために、国や地方自治体などが、その解消に取り組むよう定めています。罰則のない理念法とはいえ、少なくともヘイト・スピーチが「不当」であることは明文化されました。つまり、社会にとってあってはならないとされたことは、大きな前進でした。現実に、ヘイト・スピーチの不当性については、社会で認知が広がっています。一部の自治体、あるいは警察関係者の間でも、ヘイト・スピーチを無条件に容認するかのような空気は減りつつあると感じています。

それでも、ヘイト・スピーチそのものはけっしてなくなっていません。デモや集会の回数は減ったかもしれないが、現実に今日もヘイトを煽るようなデモがおこなわれました。人間の権利と尊厳を棄損し、その存在すら否定するような言説が、法律などあざ笑うかのように路上で飛び交ったのです。

問題はそれだけではありません。

ネット上では悪質なヘイト・スピーチが野放しの状態で放置されています。また、隣国や在日外国人への攻撃や差別を煽るような書籍も書店の一角を占めています。さらには、デモや集会といった〝わかりやすい〟ヘイト行為が減ったぶん、ヘイト・スピーチが日常に〝降りて〟きたような雰囲気を感じることもあります。

学校や職場、飲み会などの席で、無自覚なヘイトが飛び交うことも少なくありません。在特会（在日特権を許さない市民の会）のように「死ね、殺せ」といった文言が飛び出るわけではありませんが、より穏健な日常会話として、当たり前のように在日外国人を貶めるような言葉が交わされたりもしますよね。

デモや集会で攻撃的なヘイト・スピーチが飛び交うことはもちろん恐怖ですが、その日の天気を語るように穏やかな口調で差別が煽られることは、もっと怖い。無自覚なヘイトは、じわじわと、そして幅広く社会に浸透してしまうような怖さがあります。

私は高校や大学でヘイト・スピーチの問題に関して講演する機会がありますが、ヘイトを発する側に一定の理解を示す学生から、反論を受けることもあります。「人間社会において差別はなくならない」というシニックな物言いから、「差別される側に問題はないのか」といったものまで、反論の形も様々です。彼ら彼女らはけっして在特会のような組織や活動を肯定はしないのですが、どこかであの醜悪な主張に共感してしまっている。要するに、ネットで流布されるデマを信じてしまっているわけです。

昨年（16年）、福岡市内に住む63歳の元学習塾経営者の男性が、デパートなどの商業施設のトイレに、在日コリアンの排斥を訴える〝差別ビラ〟を貼りまくり、建造物侵入で逮捕されるといった事件がありました。取材をしてわかったことですが、この男性が差別ビラを作った理由は、ネットに書き込まれた在日コリアンに対するデマを〝発見〟してしまったことにあります。

この男性は、排外デモに参加した経験はありませんし、在日コリアンには何の関心も持っていませんでした。ところがネットを閲覧しているときに「在日が日本経済を支配している」「行政も支配している」といった書き込みを見つけてショックを受けます。このままでは「日本が在日に支配される」と思い込み、社会への〝警鐘〟として、差別ビラをつくるに至りました。

デマを無条件に信じてしまうといった点で、あるいはもともと差別的な視点を抱えていたともいえるでしょう。ですが、ネットの書き込みはそうした人々を犯罪に走らせる、憎悪を煽る役割を果たしています。

社会の各所に〝落とし穴〟が潜んでいるわけです。

こうしたことに対し、私たちはやはり毅然とした態度で向き合うことが大事だと思っています。そもそも差別や偏見を容認する社会があってよいのか、そして人間を属性で判断することがいかに無意味なことであるのか、しっかりと訴えていかなければなりません。表現・言論の自由という草薮に逃げ込み、現実に存在する被害から目をそらしてしまえば、社会はどんどん後退していきます。

ただ、私は悲観的になっているわけではありません。一方で、差別の不当性に憤り、そこに真正面からぶつかっていく人たちも増えてきました。そのことをとても心強く感じています。排外デモがおこなわれても、それを上回る数の人たちが、必ず路上で対抗言論をぶつける。差別したくてたまらない者たちにとって、これほど〝やりにくい〟ことはありません。これはとても大事なことです。差別する側に〝やりにくさ〟を与える社会というのは健全です。しかも、これまで社会活動とは無縁であった人が、どんどん反ヘイトの声を現場で上げている。差別が許容される社会なんてゴメンだ、という素朴な声に、その声を上げる人々の姿に、私も多くを学ばせてもらいました。

二　沖縄の反基地運動とこれに対するヘイト

先ほど香山リカさんがお話しされた、沖縄で反基地運動をしているカウンターの人たちが、まさにそうです。

反ヘイトの隊列にいた彼らがいま、高江で、辺野古で、米軍新基地建設反対の運動に参加しています。

別に闘うことが好きだからといった理由で〝転戦〟したわけではありません。彼らにとって、反基地は反ヘイトと地続きだった、ということなのです。いま、沖縄でも取材を続けている私にとって、これはとてもよく理解できることなんですね。

沖縄の基地問題は人権問題なのだと、私は取材の過程で多くの人から教わりました。そして実際、本土で排外主義を唱え、外国人差別に血道をあげる者は、必ずと言ってよいほど沖縄を差別します。外国人に偏見を持っている者は、沖縄にも偏見を持っている。そして沖縄で反基地運動をしている人たちを中傷し、罵倒します。つまり、あちら側も地続きなんですね。そうである以上、こっちも地続きにならざるを得ない事情だってあるわけです。

さきほど前田さんから「防衛的ヘイトクライム」というお話がありました。マジョリティの側の過剰ともいえる歪んだ被害者意識を意味するのだと考えています。

「在日特権」などという言葉がまさに典型例です。在日コリアンを上から見下しながら、しかし同時に下から見あげるような偏見と差別で攻撃するための素材として使われています。

あらゆるデマを詰め込んだものですから、正直、いちいち議論することさえ、本当はめんどくさい。同じ土俵に乗ることすらバカバカしくも感じます。

そもそも――この日本において、日本国籍を持った日本人以上に優越的権利を持った外国籍住民などいるでしょうか？　どこにもいないですよ。

いや、もしも一つだけ例外があるとすれば、在日米軍人の存在でしょう。思いやり予算と日米地位協定で様々な恩恵が与えられている在日米軍に批判の矛先が向かうのであれば十分に理解できる。

しかし、差別主義者はそうしたことにはまるで無関心です。沖縄の広大な土地が米軍基地に占有されていても、沖縄県民が米軍人の犯罪の被害者になっても、何も言わない。

差別主義者の矛先は、常にアジア各国の出身者、そこにルーツを持つ人々に向けられるのです。それが「愛国」だと思っている。在日コリアンなどを中傷し、攻撃することを「愛国活動」だと称している。こんなものは「愛国」でもなんでもない。

そのうえ、沖縄に対しても同じように罵声、怒声をぶつけているわけです。基地反対を叫ぶのは身勝手、わがまま、国益を優先しろ——そうした言葉で沖縄県民の主張がないがしろにされていく。13年、沖縄の首長や議員がオスプレイ配備反対を求めて東京でデモ行進をおこなった際には、沿道に陣取った在特会メンバーらから「非国民」「売国奴」「中国のスパイ」といった罵声も飛ばされました。

このときデモの先頭に立っていた翁長雄志沖縄県知事（当時は那覇市長）は、後に会見で「（在特会よりも）むしろ何事もなかったように素通りする東京都民に怒りを感じた」と話しています。あらんかぎりの罵声をぶつける在特会を、都民は無視したのです。沖縄差別に加担したも同然でした。「本土の無関心」あるいは程度の差こそあれ、多くの人が抱えているであろう沖縄への偏見に、翁長知事は憤りを感じたのでしょう。

三　自民党の変質を憂う

問題は、こうした沖縄への偏見や差別を、政治家などが自ら扇動していることにあります。

今年4月におこなわれた沖縄県うるま市の市長選挙。自民党の古屋圭司選対委員長（当時）が、野党系候補の学校給食費無料化を巡る公約に関し「市民への詐欺行為にも等しい沖縄特有のいつもの戦術」と自身のフェイスブックで批判しました。会見でも「誹謗中傷したわけではない。客観的事実を申し上げた」と説明しています。

詐欺行為を「沖縄特有」だとするこの発言にしても、透けて見えるのは沖縄に対する偏見です。こうしたことを堂々となんの躊躇もなく口にしてしまうのが、今の自民党の体質なんですよ。私も古屋さんの事務所に取材を申し込みましたけど「フェイスブックに書いたことが全てです。撤回はしません」といったコメントしか返ってこなかった。

当然ながら沖縄選出の国会議員は怒っています。差別以外のなにものでもないと声を荒げる議員がほとんどでした。

やはり、いまの自民党はひどすぎます。沖縄に対して何の思い入れもない議員が多すぎる。

私は自民党を昔から一度も支持したことはありませんが、それでも以前の自民党にはもう少し幅も深さも情もあったと思っています。

私は最近、週刊誌で「自民党。右の右」というタイトルの記事を書きました。自民党の極右体質を批判する内容です。

自民党ってもともと思想的には幅広い政党だった。右翼からリベラルまで抱えていた。しかしいまは、右翼というよりも極右的、あるいは排外的な人々ばかりが大手を振って自民党のど真ん中を闊歩している。少なくとも前世紀の自民党とはまったく違った政党になってしまったと思っています。

記事を書くにあたり、何人かの元自民党重鎮を取材しました。

たとえば山崎拓さん。今の自民党をどう思うのかと聞いたみたら、こう答えたんです。

「思想的に退化している」

自民党があまりに硬直化して、寛容性が失われているというのです。

山崎さんはかつて沖縄振興委員長を務めたことがあります。ですから沖縄に対する自民党の姿勢についても訊ねたのですが、「沖縄への愛が見えない」と嘆きました。沖縄に対して冷淡すぎるというわけです。

ご自身が主流派として闊歩していた時代への郷愁もあるとは思いますが、それでも「冷淡」はちゃんと見抜いている。

古賀誠さんにも取材しました。古賀さんは議員時代から、そして議員を引退した今に至るまで、毎年慰霊の日には沖縄に足を運んでいます。

なぜ沖縄に行くのか——私がそう訊ねると、意外な言葉が返ってきました。

「怖いからです」

そうおっしゃるわけです。真意をつかみ損ねて戸惑う私に、古賀さんはこう続けました。

「戦争を忘れてしまうのが怖い。いまの平和が戦争の犠牲の上に成り立っていることを忘れてしまうのが怖い。だから沖縄に行くんです」

古賀さんの父親は大戦中、レイテで戦死しています。「犠牲」の意味をよくご存じなのです。だからこそ「勇ましいことが、威勢の良いことが、人を救うわけではないことを知っている。日本はそれを先の大戦で学んだはずだ。そのことを忘れないためにも、私は沖縄行きを欠かさないんだ」と話すのです。

古賀さんから伝わってくるのは嬉々として「愛国」の道をひた走る自民党への危惧と懐疑でした。

野中広務さんも、沖縄に対する自信の思いを語ってくれました。印象深い話があります。

60年代前半、野中さんは地元京都出身者の戦没者慰霊塔をつくるため、初めて沖縄を訪ねました。沖縄戦の激戦地だった嘉数の丘にタクシーで向かったところ、運転手さんが突然、「沖縄戦のさなか、このあたりで妹が亡くなった」とぽつりと漏らしたそうです。さらに運転手さんはこう続けました。「妹を殺したのは米軍ではなく、日本軍だったんです」

野中さんにとって、それが「沖縄の原風景」だったそうです。

だからこそ沖縄通いを続け、政治的な立場を超えて、様々な人から話を聞いた。米軍が何か問題を起こした時には、真っ先に乗り込んで頭を下げて回った。野中さんは私にこう話しました。

「いつも罪人のような気持になった。しかし、それは当然のことだった。沖縄に多くの犠牲を強いてきた政府の責任でもある」

いま、自民党にそこまで沖縄へ思いを寄せる議員がいるでしょうか。

私は、沖縄に米軍基地を固定化させたことだけでも、自民党の責任は重たいと考えています。どんな理由や「思い」があろうとも、政府は一貫して沖縄に犠牲を強いてきた。

ですが、それでも昔の自民党には保守の立場から、沖縄に正面から向き合ってきた人がいました。

初代沖縄開発庁長官を務めた山中貞則さんは、沖縄振興の意味を「県民への償いの心をもって事に当たるべき」だと国会で述べました。

タカ派として知られた梶山静六さんも、「我々は沖縄県民に米軍基地という大きな荷物を背負わせてしまっているんだ」と何度も口にしていた。

それから後藤田正晴さん。有名な逸話がありますね。翁長知事がまだ那覇市長だったころの話です。後藤田さんと翁長さんが東京で会った。その際、後藤田さんは「俺はまだ沖縄に行ってない、足を運ぶことができない」と言うのです。それはなぜかと翁長さんが訊ねると、後藤田さんはこう答えた。

「沖縄に申し訳なくて足を運ぶことができないんだ」

普天間基地の返還を目指した橋本龍太郎さんも、沖縄サミットのために尽力した小渕恵三さんも、やはり沖縄への愛と情があった。私はその沖縄政策を肯定しないけれど、しかし、沖縄をきちんと見ていた。少なくとも、沖縄戦の被害、戦後の基地被害を理解はしていた。

それがいまや「思い」どころか、ネット譲りの沖縄ヘイトにまみれた議員ばかりです。基地移転に反対する翁長知事を裁判で訴えよと主張する議員までいる。そうした発言が党内で少しも問題とならない。山崎拓さんの言葉を借りれば、まさに「思想の退化」ですよ。

四 「しんどさ」から逃げないメディア

そうした空気は、政治家の扇動もあってか確実に社会のなかで広がりを見せている。沖縄ヘイトに一定のシンパシーを持つような人間が増えている。

そうした人々をマーケットにつくられたのが、基地反対派をテロリスト扱いし、沖縄への偏見を煽る「ニュース女子」のような番組でしょう。

私はこの番組に関してはずっと批判しています。

そもそもろくな取材すらせずに番組をつくってしまったことに怒りを覚えます。

たとえば反基地運動に対して何らかの疑義を持つっていうこと自体は自由だと思います。そうした番組づくりもあってもいいでしょう。しかし「ニュース女子」は必要な取材をほとんどしていない。ネットに書き込まれたデマをそのままなぞったかのような内容です。もう、全然、足を動かしていない。

しかも沖縄差別、あるいは外国人差別をベースにつくられていますよね。実際、私は番組出演者による記者会見にも出席しましたが、基地反対運動の多くが在日コリアンで占められているといった荒唐無稽なデマが飛び交いました。いや、レイシズムむき出しの悪質なデマですよ。

さらに私が憤っているのは、あの番組の出演者、ほぼすべてが、基地移転反対運動を笑っていることなんです。地元の切実な主張も、苦痛も、すべて笑い飛ばしている。あざ笑っている。嘲笑、冷笑している。私は、これが死ぬほど嫌なんです。真剣さの欠片も見ることができない。

その後、検証番組のようなものを制作会社がネット公開しましたが（地上波では放映されなかった）、これも本当の意味での「検証」ではなかった。

リポーターが反対運動の現場に足を運ばなかったことにしても、原発事故の現場や戦争取材などを事例に出して、「行かない・行けない」理由だけを述べている。いまの沖縄と、シリアがなぜ同じように語られるのか。それでも「現場が怖い」というならば、もう、記者なんてやめたほうがいい。報道なんてものからとっとと撤退してほしい。反基地運動に批判的であっても、現場に足を運ぶ記者はいるんです。そうした記者に対しても失礼な話じゃないですか。

しかし、こうした番組を支持する人たちがいるのも事実。

たとえば私の自宅をわざわざ訪ねてくるネトウヨがいますが（多くの場合は写真だけ取って逃げて帰るような者ばかりだが）、最近では沖縄の基地問題に関して詰め寄ってくる人たちがいます。「安田はなぜ、基地反対運動がカネで動いていることを記事にしないのか」「中国が資金提供していることを知らないのか」などと。

また、最近では中国や韓国を批判する書籍でネトウヨからの支持も厚いタレントのケント・ギルバートさんも、「反対運動の活動資金は中国が寄付している」と私に答えました。

こうしたデマを打ち消すのは本当にしんどい。デマを流すのは簡単だけれども、それを否定するには相当のエネルギーを必要とします。これまでメディアの多くは、その労力を無駄だと感じていたからこそ、デマを放置してきました。気持ちはわかります。同じ土俵に乗ることじたい、もしかしたらデマを流布させることにつながるのではないかといった危惧もあるからです。

しかし、放置は容認に結び付く。対抗言論がなければ、悪質なデマばかりがまかり通るようになる。

まさに、翁長さんが東京都民の無関心を批判したことと、理屈は同じです。被差別の当事者にとって、世間の無関心こそ苦痛の源となることもあるわけです。

だからこそ、少なくともメディアは、日々の仕事において、その「しんどさ」から逃げてはいけないと思うのです。間違っていることに対しては、毅然とした態度で応じる必要があります。私はそのことを肝に銘じておきたい。

さらに社会の一員として、社会に分断と亀裂を持ち込む者に対して、はっきりと「ＮＯ」を突き付けていきたいと思います。

差別や偏見で社会が壊れていく様を、ただ見守っていくのは嫌なんです。差別は人間を、地域を、社会全体を壊していきます。

私は壊されたくありません。人間も、地域も、社会も。この社会の中でできた、あらゆる人々とのつながりも。

そのことをこれからも大声で訴え続けていきたいと思います。

5　日本の植民地主義の清算とは何か
――沖縄、「慰安婦」問題への向き合い方を通して

野平晋作

一　今ある暴力が見えない

2017年6月10日、共謀罪と辺野古埋め立てに反対する国会包囲を行いました。解散間際に主催団体の責任者として、私はある一人の参加者から激しく非難されました。「共謀罪をめぐる攻防が国会で切迫している最中なのに、なぜ共謀罪に絞って国会包囲をやらなかったのか」という非難でした。

キャンプシュワブ前で、「そろそろ座り込みを始めましょう」と呼びかけた人がまだ何もしていないのに機動隊に身柄を拘束された事例や、不当に長期拘束され、何度も共謀について尋問された人の事例など、沖縄では共謀罪が既に適用されたような状態にあることを私は説明しましたが、彼女に納得はしてもらえませんでした。「もう二度とあなたたちが主催する集会には参加しない」とまで言われてしまいました。

これまで2015年より4回の国会包囲を行い、初回に7000人、その後、15000人、22000人、28000人と参加者はやる度に増えていきましたが、今回は18000人の参加者で初めて数を減らしてしまいました。安易に判断はできませんが、私に抗議した女性が指摘したように、連日、共謀罪に反対する集会が行われているなか、辺野古新基地建設反対とセットで行う集会は一般の人にとってインパクトが少ないものになったのかもしれません。

しかし、これから採択されようとしている共謀罪の抗議活動に集中するため、既に共謀罪が先取りされているような状況にある沖縄を切り捨てていいのでしょうか。

「本土」で改憲を許さないということを訴える際にも同じ問題が生じます。平和憲法は大変重要です。しかし、現行憲法の下、憲法より日米地位協定の方が優先され、人権が保障されているとは言い難い沖縄の現状を改善するためには、「改憲を許さない、憲法を守れ」と訴えるだけでは不十分です。安倍政権が掲げる「戦後レジームからの脱却」も平和憲法を守るため批判しなくてはなりませんが、不当に米軍基地の集中を強いられ、まさに憲法の番外地にされてしまっている沖縄の現状を変えるためには、まず「本土」と沖縄のダブルスタンダードを問題にしなくてはなりません。

砂川事件に対する東京地方裁判所の判決（伊達判決）で、米軍の駐留そのものを違憲だとする判決が出たこともありましたが、戦後、憲法と日米安保条約は「共存」してきました。日米安保条約の下、日本に米軍が駐留することになりますが、「本土」にあった海兵隊の基地も沖縄に移転し、その結果、在日米軍基地の7割が沖縄に集中することになりました。

日本と同じく敗戦国のドイツやイタリアが徐々に地位協定を改善していったのに較べ、日本政府はまったく地位協定に手をつけませんでした。それは日本「本土」で、地位協定がメインの課題にならなかったからです。２０１７年10月の衆議院選挙においても辺野古新基地建設の問題はまったく争点にはなっていません。沖縄に基地が集中し、基地被害も沖縄に集中しているため、米軍基地の問題がローカルな問題にされてしまっているためでしょう。

自らの安全、繁栄のため、他者に犠牲を強いること。これが植民地主義なのではないでしょうか。そして、他者に犠牲を強いている側が犠牲を強いられている側の痛み、苦悩を感じることができない。それが植民地主義の属性なのだと思います。

沖縄に暮らす人が鈍感な「本土」の人間に今の沖縄の状況が他人事ではないということを気づかせるため、これから日本全国が沖縄のような状況になるという意味で、「日本全土の沖縄化」という言い方をするときがあります。

しかし、この同じ言葉を「本土」の人間が使うとまったく違う意味となります。人権侵害が続いている沖縄を何とかしなくてはいけないということではなく、今の状態を放置すると「本土」も沖縄のようになるから大変だという意味になるからです。

今回、私たちが行った6月10日の国会包囲に引きつけて考えると、沖縄のように「本土」がならないように共謀罪に反対するのではなく、まず沖縄での不当な逮捕や長期勾留を許さない。そして今行われている警察による不当行為に正当性を与えないために共謀罪に反対するという姿勢で運動に取り組むべきなのではないでしょうか。

東京で脱原発のデモに参加した際、福島の現状にまったく触れない脱原発のデモには大きな違和感を感じると福島出身の方に言われたことがあります。人が車に轢かれて苦しんでいるときに、2度と同じような事故を繰り返してはならないということばかり訴えて、今事故に遭って苦しんでいる人を見捨てているような気がするとその方は話されました。共謀罪をめぐる攻防が国会で切迫している最中だからこそ、沖縄の現状にももっと目を向けなくてはならないと思います。しかし、私たちはまだそのような運動をつくり得ていません。

二 「問題の原因は自分にない。相手側にある」という発想

話し合うだけで逮捕される共謀罪。そんな恐ろしいものは要らないと誰もが思います。

しかし、逮捕の対象となっている人たちは普通の市民ではない、特殊な人たちだと説明すると少し反応は変わってきます。さらに逮捕の対象となっている人たちがテロリストだなんてレッテルを貼ると、そんな危険なテロリストから身を守るためには何も犯罪を犯していなくても事前

に身柄を拘束して、尋問する必要があると考える人も出てくるのではないでしょうか。

そうした意味で、お上の意向に逆らう人、政府に抗議する人々は普通の市民ではなく、危険な人々だという印象を与える報道は共謀罪をも許容する世論をつくっていくことにもつながります。

1　TOKYO　MXテレビ

今年（17年）の正月に、TOKYO　MXテレビの番組「ニュース女子」が沖縄で基地に反対している人たちは過激で、暴力的で、不当な動機（日当をもらう）で活動しているという報道をしました。さらに沖縄のほとんどの人は基地に反対していないとまでその番組は述べました。

沖縄戦の体験から二度と沖縄を戦場にさせてはならないと思っている方など抗議に立ち上がった沖縄の人々の主体性を否定する報道です。こうした嘘やデマを公共の電波で流すということは、基地に反対している人たちは弾圧しても構わないという世論を形成することにつながります。

私は有志の仲間たちと一緒に隔週でTOKYO　MXテレビへの抗議活動を続けています。残念ながら、TOKYO　MXはいまだに謝罪も訂正もしていません。

「ニュース女子」の司会を務めていた長谷川幸洋氏が東京新聞の論説主幹であったため、東京新聞社にも抗議しました。東京新聞は1面で論説主幹による謝罪文を掲載し、長谷川氏を論説主幹から副主幹に降格させせました。

しかし当の長谷川氏は、反省し自らの発言を撤回するどころか、むしろ更に開き直りとも取れる言動を続けています。たとえば、「ニュース女子」を配信しているDHCテレビがネットで配信している「放言BARリークス」（5月28日）で、「日当が支払われてたなんて500％確実です」と発言したり、本年7月に出版されたケント・ギルバート氏との対談本で、島ぐるみ会議や沖縄平和市民連絡会、オール沖縄那覇の会が運行している辺野古行きのバスを「間接的には中国が手配している」とさえ発言しています。私たちは、長谷川氏の無責任な発言に対し、東京新聞社に適切な対処を求めて再度申し入れをしました。

日本政府が沖縄に基地を押しつけていることを許容しているのは「本土」の世論です。変わらないといけないのは「本土」の私たちです。しかし沖縄で基地に反対している人たちに問題があり、変わらないといけないのは私たちではなく、向こう側だと主張する「ニュース女子」のような報道が少なくありません。

2 NHK「クローズアップ現代＋」

本年も1月24日、NHK「クローズアップ現代+」で、「韓国、過熱する〝少女像〟問題 初めて語った元慰安婦」という番組が報道されました。番組の内容は、韓国の市民の多くは「慰安婦」問題について日韓合意を支持しているにも関わらず、一部の原理主義者が日韓合意を批判し、日韓友好を阻んでいるという印象を与えるものでした。

事実をねつ造している箇所が多数あるのですが、そのうちのひとつを紹介します。一人の男性が登場し、「もう憎しみ合うのはやめましょう」というテロップが映ります。日韓合意に反対したり、「慰安婦」の少女像（正式な名称は「平和の碑」）を設置したりするのはやめましょうという意味合いでこの男性を紹介しています。しかし、この男性が手にしているプラカードにはハングルで「韓米日同盟強化」と書いてあります。つまり、この男性が主張していることは、北朝鮮や中国の脅威に備えて、韓米日の同盟を強化しなくてはならない。そのためには「慰安婦」問題で日韓関係がいつまでもぎくしゃくしてはならない。そうした意味だということが推測されます。

しかし、テロップの「もう憎しみ合うのやめましょう」だけが画面上にあり、ハングルのプラカードの内容が翻訳されていないため、まったく違った文脈でこの男性の主張が理解されてしまいます。日韓合意に反対し、少女像の設置を支持する人たちは少数であり、特殊な人たちだという認識を番組の制作者が持っており、事実をねじ曲げて、そうした番組を制作したのではないでしょうか。韓国の世論調査によると、日韓合意の見直しを求め、少女像の移転に反対する人は圧倒的多数を占めているので、まったく事実に反した報道です。変わらないといけないのは私たちではなく、向こう側だと思いたい人が多いため、このような報道が許容されるのだと思います。

3　TBSサンデーモーニング

韓国の大統領選挙を間近かに控えた3月26日のTBSのサンデーモーニングでの田中秀征氏（福山大学客員教授／元衆議院議員）のコメントにも私は驚きました。

田中秀征氏は文在寅氏が次の大統領になることを想定して、以下のようなことを発言しました。次の韓国の大統領はリベラル派で、「反日」の大統領になる可能性が高い。「親日」の人に大統領になって欲しいとまで言わないが、せめて「反日」と「親日」の間ぐらいの大統領が誕生して欲しいというコメントをしました。

本来「親日」とは歴史的用語で、日本が朝鮮半島を植民地にしていた当時、植民地支配に加担した朝鮮人を「親日派」と言います。「反日」という言葉の意味を考えるには、「抗日」という言葉を思い出す必要があります。「抗日」の「日」は日本帝国主義のことです。

「反日」という言葉も反日本帝国主義だと解釈した方が誤解がありません。日本が嫌いという意味ではありません。過去の植民地支配や侵略戦争の清算をしようとしない日本政府や日本人に厳しい姿勢を取ることを意味します。

そのことが理解出来ていないと、リベラル派が反日になるという意味が分からないのではないでしょうか。同じ第二次世界大戦敗戦国のドイツに喩えると、反日は反ナチスです。今のドイツ政府も、大多数のドイツ人も反ナチスです。ナチスが犯した戦争犯罪を清算したことに今のドイツ人の多くは誇りに思っているのではないでしょうか。

田中秀征氏のコメントをドイツに置き換えるとこうなります。「次のポーランドの大統領は反ナチスと聞いている。親ナチスとは言わないが、せめて反ナチスと親ナチスの間ぐらいの人に大統領になって欲しい」。こんなことをドイツで発言したら、少なくともニュースのコメンテーターとしては失格でしょう。

野党の候補者であった李在明氏は日本に厳しい発言をするので、日本のメディアでは「韓国のトランプ」としばしば紹介されていました。しかし、私の韓国の友人にそのことを話したところ大変驚いていました。しいて言うなら、「韓国のトランプ」ではなく「韓国のサンダース」だと語っていました。

つまり日本では、過去清算について日本に厳しいことを発言するとヘイト・スピーチとして受け止められてしまうということです。変わらねばならないのは過去を清算できていない日本の方です。しかし、日本を批判する国は自国に問題があり、自国民の目をそこからそらすために問題を日本に転嫁しているのだという評論家の解説が日本社会では非常に受けのいいものとなっています。

「YOUは何しに日本へ?」（テレビ東京）、「世界の村で発見!　こんなところに日本人」（テレビ朝日）など日本賛美の番組がやたらと多いのも、自国に自信がなく日本を肯定して欲しいという社会のニーズを反映しているのではないでしょうか。植民地を持つ宗主国が植民地から資源を収奪し、文化を奪い、植民地の混乱を引き起こしていながら、問題の原因は植民地にあり、宗主国は植民地の問題を解決してあげる立場にあるという上から目線は植民地主義の特徴だと思います。他のアジア諸国や沖縄に対する日本のマジョリティの目線はそうした発想からいまだに抜け出せていないのではないでしょうか。

三　「現実」路線の外交・安全保障政策を沖縄、韓国から問う

「日本の政党政治のど真ん中に生まれた空白を埋める政党をつくる」「外交・安全保障は現実路線で、内政は改革志向で、政権交代の選択肢となる政党をつくる」「穏健な保守」「寛容な保守」。これは、2017年の衆議院選挙での前原誠司民進党代表、細野豪志議員、小池ゆり子都知事の発言です。今回の選挙では、希望の党は伸び悩みましたが、このような言葉が一定の共感をもっ

て受け止められる限り、今後も繰り返し、第二第三の希望の党は生まれるのではないでしょうか。「外交・安全保障は現実路線」。これは、日米安保の是非は問わないということです。今の現状では、日米安保の維持は沖縄への基地押しつけを意味します。沖縄では日常において、民家の近くに米軍ヘリが墜落し、女性が元海兵隊員の強姦・殺害されたりしています。「現実路線」の下で、人が殺されているのであれば、その「現実路線」を見直すのが当然ではないでしょうか。外交・安全保障を争点にしないことこそが異常です。日米安保が必要だという人も破棄すべきだと考える人も現状を変えない限り、沖縄への基地押しつけに対する責任があると思います。

私は今回の衆議院選挙にあたって野党の再編を見ていると、1995年にフランスのシラク大統領が南太平洋で核実験を再開したときのことを思い出します。ガブリエル・テティアラヒというタヒチの先住民族の活動家が私に次のように語ってくれました。「核保有国フランスは核実験をフランス本国ではなく、植民地のアルジェリアや南太平洋で繰り返し行った。フランス本国では、左派政権か右派政権かの違いは大きいかもしれないが、南太平洋から見たら全く変わりはない。左派政権のミッテラン大統領のときも南太平洋で核実験をやりまくった」。今の日本の状況は左派と右派との対立ではありませんが、今回の衆議院選挙を自公政権と希望の党との対立を軸に政権選択選挙と呼んでいるのは、沖縄から見るとまったく意味をなさないのではないでしょうか。安倍政権を打倒することは重要ですが、与党と野党が束となって、沖縄での新基地建設を推し進めてくることを私は恐れます。

２０１６年６月19日、沖縄県民大会でオール沖縄会議の共同代表の一人として登壇した玉城愛さんは、沖縄の女性が米軍の元海兵隊員に殺害された事件のことについて、安倍首相と「本土」に暮らす市民は「第二の加害者」であると訴えました。沖縄に基地を押しつける政党に政権を許している限り、「本土」の私たちは本人の意志に関わりなく、沖縄から見て加害者の位置に立たされています。構造的に加害者の立場に立たされていることに抗して闘うことは生半可なことではありません。鳩山政権は普天間移設問題について、「最低でも県外」ということを主張し、その公約を果たすことができずに倒れてしまいました。内閣の中ですら孤立していた鳩山首相を支えるには「本土」の世論はあまりに弱すぎました。

「慰安婦」問題についても、日韓合意を破棄することは非現実的だと日本では考えられています。しかし韓国では日韓合意に基づき、日本政府の拠出金でつくった財団は活動休止となっています。つまり、日韓合意は事実上破綻しています。日韓合意の破棄は、再交渉、見直しなどもっとポジティブな表現に言い換えることはできますが、いずれにせよ日韓合意はいったん破棄して、仕切り直すしかない状態です。韓国の民主化は植民地支配の過去清算の問題を棚上げにしてきた日韓両国の関係の見直しを日本に求めていると言えます。自己決定権の回復を民主化と呼ぶなら、韓国と沖縄の民主化は日本に植民地主義の清算を求めているると言えるのではないでしょうか。韓国と沖縄の人々の呼びかけ（抗議）に応えることは日本の脱植民地主義の第一歩です。

四　脱植民地主義のための具体策

2004年8月13日、沖縄国際大学のキャンパスに米軍ヘリが墜落しました。翌日の沖縄の二紙を読むと、1面から何頁にもわたって、事故の特集記事でしたが、全国紙の1面トップの記事はアテネオリンピックのことで、事故の扱いも小さいものでした。これは沖縄と「本土」の日常に対するリアリティのギャップを象徴しています。日本政府は人々の命と安全を守るために米軍基地は必要だと言いますが、沖縄ではその米軍基地によって、人々の日常の安全と命が脅かされています。だからこそ、翁長知事も国連の人権理事会で基地問題を人権問題として訴えました。

私はこうした沖縄に対する構造的差別を解消する方法として、普天間基地の「本土」引き取りを訴える運動を支持します。これは決して日米安保を肯定して、米軍基地の応分の負担を全国に要請する運動ではありません。日米安保を批判しつつ、日本の世論が安保を廃棄できないのなら、まず普天間基地を自分の暮らす地域に引き取ろうという運動です。現在、大阪、福岡、新潟、東京の市民が名乗りをあげています。私は基地の本土引き取りが議論される中で、日本全体で地位協定の問題や日米安保の必要性についても議論する機運をつくることができたらいいと思っています。

『ＡＥＲＡ』誌（２０１６年６月20日発売号）で、引き取り論を主張する高橋哲哉さんと沖縄の作家、目取真俊さんの対談の記事を目にしました。その対談で、目取真俊さんは以下のような発言をされていました。

「ヤマトンチュー（日本人）は71年間沖縄の痛みに関心を持たなかったのに、今さら『県外移設』を訴えれば関心を持つようになるんですか。そんなことが考えられないので、僕は海に出るわけです。ヤマトゥをあてにしていたら、その間にもどんどん工事は進んでしまう。（中略）２０１２年に普天間基地にオスプレイが配備されたときは、座り込みなどで全ゲートを23時間にわたって封鎖しました。県民大会のような何万人もの集会よりも、千人単位で普天間基地や嘉手納基地のゲートをふさいだら、アメリカは衝撃を受けますよ。

（中略）平等に基地を受け入れようというのは正当な理屈です。でも、基地の問題を切実な問題と考えないですむように沖縄に基地を集中させているわけですから、矛盾を指摘された程度で圧倒的多数の皆さんが変わるとは思えない。それより、基地撤去は沖縄自身がやればできると思っています。１億３千万の日本国民を変えるのは無理かもしれませんが、１４０万の沖縄県民が変われば基地は撤去できると思う。そのほうがはるかに早いし、現実的です。」（『ＡＥＲＡ』２０１７年６月27日』）

私も引き取り論が「本土」の市民にとって、非常にハードルが高い提案であることは分かります。目取真俊さんは、引き取りなんて「本土」の人間にできるわけがないと思われているのでしょう。しかし、加害当事者の人間が「我々が反省して態度をあらためるのは無理なことだ」と居直ることはできません。そうした意味で、辺野古、高江にも行き、同時に引き取りも訴えるしかないと思っています。

たとえば、こうした運動はどうでしょうか。日本全国の自治体に日米安保条約の是非を問い、反対しない自治体については、普天間基地の引き取りを検討してもらう。どこの自治体も引き取ろうとは言わないと思いますが、このやり方なら、日米安保を肯定する運動だという批判は出来ないのではないでしょうか。日米安保と沖縄の基地偏在を同時に問題にしなくては、普天間・辺野古問題は沖縄ローカルな問題として片付けられてしまい、国政選挙の争点にすらなりません。日本「本土」でも、基地引き取りを考えざるをえない状況になって初めて、日米安保がそもそも必要なのかということを真剣に考える人も増えるのではないでしょうか。

6　自らの植民地主義に向き合うこと
――カナダから、沖縄へ

乗松聡子

トゥルードー首相、異例の演説

２０１７年９月下旬にニューヨーク国連本部で開催された第72回国連総会での各国指導者による演説は、日本のメディアにおいては朝鮮民主主義人民共和国を「破壊する」と喝破した米国のトランプ大統領や、最初から最後まで同国の非難に終始した日本の安倍首相のものに注目が集まる傍ら、９月21日、カナダのジャスティン・トゥルードー首相が自国の植民地主義に正面から向き合った演説が脚光を浴びることはなかった。

通算22年カナダに住む私の経験では、カナダは一般的に多様性を認め合い人種差別も少なく、人々は気が優しく住みやすいというイメージを持っている人が多いようだ。私は、そのようなイメージの陰で見えなくなりがちな、この「カナダ」と呼ばれる地の史上最悪の人権侵害といえる先住民問題がもっと知られるべきだと思っていたが、まさかこの国の首相が、世界の檜舞台ともいえる国連総会での演説30分の大半を、自国の汚点をさらけ出すことに費やすとは予想もしてい

なかった。(1)

トゥルードー首相は冒頭から、「カナダはおとぎの国ではありません」と言い、今日はカナダが犯した過去の過ちから得た厳しい教訓について話したい、と切り出した。以下、抜粋する。

……カナダは先住民の先祖代々の土地にできた国ですが、残念なことに、最初からそこにいた人たちの意味ある参加なしに成立した国でもありました。先住民族とカナダの間のしっかりした関係を築くために条約が締結されましたが、それらの条約は約束通り施行されないできました。(中略) これらの初期の植民地的関係性は、多様性を強みとしたり、お互いの相違を称賛したりといったものではありませんでした。カナダの先住民の人々にとって、一連の体験はほとんどが屈辱、無視、虐待に値するものでした。

先住民の人々は自分たちの伝統、自分たちの性質、自分たちの政治のやり方を尊重しない政府の被害者であり、自分たちを否定し、自分たちの権利と尊厳をないがしろにする法律の被害者でした。先住民の人たちは、植民者の習慣ややり方を強要することによって自分たちの歴史を書き換え、自分たちの言葉や文化を根絶やしにしようとした政府の被害者でした。先住民の人たちは、自分たちが認めていた土地や水域を守ること、そして、自分たちが受け継いできた、いつも7世代先のことまで考えるという原則を守ることを政府は拒絶しました。つまり、私たちは、この間を通じて、代々の先住民の人たちが自分たちのことは自分たちで決め、尊厳と誇りをもって生きるという概念自体を否定したのです。(中略）歴代のカナダ政府がカナダの先住民族の権利を尊重することができなかったことは非常に恥ずかしいことです。そして今日も、多すぎるといえる先住民の人たちにとって、この尊重の欠如は続いているのです。

……幸いなことに寄宿学校はもう過去のものになりましたが、いまだにあまりの多数の若者たちが、ほとんどのカナダ人にとって当然と思うような基礎的教育を受けるために家族から遠く離れなければいけないのです。そしてあまりにも多数のカナダ先住民の女性たちが、暴力の恐怖の中で暮らしており、その暴力があまりにも過酷で頻繁なことからアムネスティー・インターナショナルは「人権危機」と呼ぶほどです。これがカナダの植民地主義の遺産なのです。父権主義的な「インディアン法」の遺産なのです。（中略）５歳からの小さい子どもたちまでをも家族から引き離し、自分たちの言葉を話したら懲罰を下し、先住民の文化を完全に廃絶しようと試みた寄宿学校の遺産なのです。[2]

このような姿勢は日本だと保守派から「自虐史観」と叩かれる類のものだが、案の定、カナダの公共放送ＣＢＣは「おかしな動き」と言い、国連安全保障理事会の座席をねらうカナダが国内問題に終始したことを否定的に報じた。[3] 首都オタワの新聞には「〝全て私たちが悪うございました〞手法」と書かれている。[4] トゥルードーは国内から出る批判は想定内であったようで、記者会見では、他国の過ちを指摘する前に自らの過去の過ちに向き合う重要さを強調した。[5] 世界の人権問題は足もとから始まる、という考えである。トゥルードーは、全国が祝賀ムードに包まれた連邦化１５０周年の「カナダデイ」（7月1日）のときも、「先住民の抗議を尊重しなければいけない」と発言し、[6]先住民の抗議テントに自ら入って30分間過ごすという姿勢を見せている。[7]

カナダの「植民地責任」への取り組み

しかしカナダの先住民問題は「国内問題」だけではない。トゥルードーは、ちょうど10年前の２００７年9月に採択された「先住民族の権利に関する国際連合宣言」に対するカナダの責任を語っていたのだ。カナダは当初、米国、オーストラリア、ニュージーランドとともにこの「宣言」に反対票を投じていたが昨年（16年）正式に立場を改め、条件つきではない完全な支持を表明した。今回は国連総会の場でトゥルードー首相が自ら、先住民諸部族とのパートナーシップのもとにこの宣言を実行していくことを誓ったのである。「植民地主義的な官僚的機構を解体」し、先住民の生活や雇用、教育機会の改善、言語の保護、女性の機会向上などの施策とともに、各部族のカナダ政府との関係構築の選択を尊重し、「自己決定権の表現としての自治」を実現していく「前人未踏」の道を歩むと。

『「植民地責任」論―脱植民地化の比較史』（青木書店、２００９年）で永原陽子は、「ナチズムを経験し『人道に対する罪』概念を生み出した欧米諸国が、同じ基準を自らの行った植民地支配やそれと不可分の奴隷貿易・奴隷制の歴史にあてはめて論じることは、少なくとも公の場面では、20世紀の間には一度たりともなかった」とする。(8) それだけに、2001年に南アフリカのダーバンで開かれた国連主催の「人種主義、人種差別、排外主義、および関連する不寛容に反対する世界会議」(通称「ダーバン会議」)が「従来の国際社会の常識を破るもの(9)」だったという。その歴史に照らし合わせると、カナダ首相の今回の演説は、2007年の「先住民族の権利に関する国際連合宣言」を受けた英国連邦の一国として、加害側の代表者が積極的に植民地責任を果たす宣誓をした、ひとつのマイルストーンと呼べるのではないか。

「私」の責任

私はこのスピーチを聞くにつけ、これがもし、日本の首相が国連演説の場でこのように、日本が植民地支配してきた地域や民族に対して行った演説だったらという想像をせずにはおられなかった。私がこれを日本語にしなければという強い動機を感じたのは、大日本帝国が植民地支配、そして現在の日本が植民地主義を行使している土地の人や民族に対して自分は責任を負うからだ。同時に、物心ついてからの人生のうちの半分近くをカナダで生きた人間として、トゥルードーが代表して話す先住民への責任の一端も私は担うのだ。

ハンナ・アレントは『責任と判断』において、個別の「罪」はあくまでも個人の問題であり、自分の犯していない罪について罪を感じるのは比喩的な意味においてだけであるはずで、道徳的または法的な個人の罪と、政治的な集団の責任を区別することが大事だとしている。このような考え方からは、私が担うのは、自分が所属する「日本」「カナダ」という政治的共同体が担う「集団責任」である。[10] また、アイリス・マリオン・ヤングが『正義への責任』で提唱する「責任の社会的つながりモデル」、つまり「社会の構成員はみな自分たちの行為によって構造的不正義の生産と再生産に貢献しているという事実のために、その不正義を是正しなければならないという、分かち合うべき責任」という意味での責任でもある。[11] 野村浩也が『無意識の植民地主義』で強調した、日本の民主主義が容認する米軍基地を琉球／沖縄に押し付ける、という植民地主義を行使する日本の人間の「ポジショナリティ（政治的権力的位置）」を自覚してそれを動かしていく、つまり基地を本来あるべき日本に戻して植民地主義をやめていく責任にも通じる。[12] これらの学者の「罪」と「責任」についての考えとその相互関係をここで精査することはできないが、植民地主義における「私の」責任は何なのかという問いと共に読み、考え続けなければいけないと思っている。

私は日本人として、アイヌ、琉球／沖縄、朝鮮、台湾、樺太、南洋諸島、満州など日本が植民地化および侵略、占領、戦場化した数々の地域や民族に「集団責任」を担うと思うが、それを明確に意識するようになったのは琉球／沖縄を通じてである。それは自分が関わっていた憲法9条を守る活動の中で、日米安保と9条の矛盾が押し込められている琉球／沖縄に責任を果たさなければ9条の活動自体が大きな欺瞞をはらむとわかったからである。[13] その過程において自らの植民地主義の気づきや、日本の琉球／沖縄に対する歴史的植民地支配の責任、戦争責任、戦後から現在にいたる米国との共謀による軍事的搾取に対する責任をより深く認識するようになり、同時に日本が植民地責任を負う他の地域や民族への問題意識も広がっていくようになった。

「植民地責任」の認識欠如

以上のような立ち位置から見ると、日本では「戦争責任」は語っても「植民地責任」を語る人はあまりいないことに気づく。「日本の加害」に向き合う人も日本の満州武力侵攻以降の「15年戦争」という枠組みに留まり（もちろんそこにも満州植民地支配があるのだが）大日本帝国の成立時から始まっていた植民地支配には目がいかない人が多いのだ。むろん植民地支配は武力による威嚇、武力行使、侵略戦争を伴うものなので切り離せるものではなく、日本の「戦争」が「15年戦争」という認識以上に広がらない口実にはならない。実際おおかたの日本人は「15年戦争」にさえも思いが至らず、日本の戦争は1941年末以降大国の米国を相手にしてしまったから間違ったのだ（その時点までは間違っていなかった）といった理解、約310万人という「日本人」の戦争死者だけを意識するような自国中心主義的な歴史認識を持つ。[14] 朝鮮半島での権益を拡大するための戦争であった日清、日露戦争を「勝利」したからといって「古きよき時代」の象徴とし、福沢諭吉や吉田松陰のような侵略思想の持ち主を英雄視し、大日本帝国の歴史を通じた侵略と植民地支配の長い歴史に目をつぶるのである。成澤宗男は、12年続いたナチス・ドイツと比べ大日本帝国の侵略の歴史は77年という長さであったと指摘する。[16] 永原陽子は「敗戦と同時に植民地を失ったために、日本の戦争責任論においては当初より植民地支配の責任への視点が欠落していた」と分析する。[17] 高橋哲哉は、1874年の台湾出兵にはじまる日本の植民地獲得のための戦争における戦死者を顕彰・合祀している靖国神社の本質を踏まえ、満州侵攻以降の戦争を扱う「戦争責任論」という枠組みだけでは「歴史認識の深化を阻む」と問題提起する。[18]

残る差別の火種

植民地責任に目を向けない日本人の傾向は、上記のような背景に加え、根本的には、「琉球は長男、台湾は次男、朝鮮は三男」[19]というような植民地支配における差別ヒエラルキの頂点としての「天皇制」が戦後排除されず、新憲法で「象徴」と再定義されたにもかかわらずいまだに事実上「神聖にして侵すべからず」存在のように扱われている（メディアでは一切批判もされないタブー化、尊敬語の使用、批判する者への国粋主義者によるテロの脅威など）ことと無縁ではないと思う。植民地主義を振り返らない姿勢と、天皇を戦前と同じように押し頂く姿勢は同根ではないか。

ついでに指摘すれば、天皇制の中で制度的女性差別が公然と行われているのも、皇室タブーのもとに家父長制が守られているからである。天皇と女性の地位は新憲法制定のときにもっとも日本側の抵抗を受けた点であったと憲法起草に関与したベアテ・シロタ・ゴードンは証言している[20]。そして、放置された天皇制と家父長制のもと、植民地主義的差別も女性差別も、戦後日本が克服することを拒絶してきたために残ってしまった。

ヘイトスピーチや嫌中、嫌韓「ブーム」を近年の現象として憂えている人がいるが、戦後日本人はアジア隣国に対する植民地主義を意識的に乗り越えようという努力をしなかったせいでヘイトの火種は多くの人の心の中に残存し、それが戦後世代にも引き継がれたのではないか。アメリカのトランプ政権のもとで人種主義者が勢いづいたのと同様、第二次安倍政権が12年末に誕生した頃から日本人の差別の火種に火がついてネトウヨ、ヘイトデモといった形で顕在化の度合いが強まったということではないだろうか。

『植民地主義再考—民族差別なくすため』を書いた小林たかしは言う。

日本の植民地主義は、大日本帝国降伏の日に終わったわけではない。植民地主義は、いまでも日本人一人ひとりの感性の中に支配者意識を育てている。それは、侮辱を侮辱と感じない侵略者の感性であり、イデオロギーとして歴史的に形成されてきたものである。その恥ずべき感性は、実際の侵略、実際の植民地がなくなったからといって、日本人のなかから消滅はしない。それどころか、それは日常的に生産されている。(21)

ヘイトスピーチを批判したり分析したりしている私たち日本人一人ひとりは心の中に差別やヘイトの火種を持っていないのか。私は「北朝鮮」の悪魔化や、日本軍「慰安婦」を記憶するための少女像を忌み嫌う傾向、在日コリアンへの差別や無関心などを見るにつけ、根強い差別の種が右、左を問わず広範囲で共有されていることを感じ取る。そしてその種は自分自身の中にも見え隠れしていることを感じる。差別との闘いは、自分との闘いだ。

日本の侵略戦争は琉球強奪から始まった

日本の植民地責任の中でもとりわけ不可視化されている現在進行形の植民地主義の対象の一つとして、琉球／沖縄があるのではないか。琉球／沖縄が植民地であると認識していない日本人は多いようだが、琉球／沖縄が日本により植民地支配を受けてきたことは疑いようのない史実・

現実である。大田昌秀の『沖縄差別と平和憲法』で、伊波普猷を引用しながら、1609年の薩摩侵攻以前の琉球人は以降に比べると別人種ではないかと思うほど「自主の民」として能力を発揮していたが、それ以降は「奴隷的生活に馴致された結果、致命傷を受け、独立自営の精神が甚だしく減退」させられたと述べる。漢文や琉球文で石碑の碑文を書くなど豊かだった書き言葉の文化も、島津氏に征服されて以来日本文を採用することを強いられ、自国語を使わなくなっていった。大田は、薩摩支配下で琉球は全収入の10%に相当する土地税を収奪されたという説もあると記述している。[22] 琉球/沖縄は、1872年の琉球王国への抜き打ち的な「琉球藩」との通達から79年の「廃琉置県」による王国取り潰しにいたるまで、武力をともなう方法で日本に強制併合された。[23] それは前述のようにそのはるか前から植民地支配を受けてきた上でのことであった。

1875年の江華島事件を明治日本の侵略戦争の開始と捉える人もいるが、1871年、宮古の船が台湾に漂着し原住民に多数の人が殺されたことを日本が利用し1874年に台湾に出兵、そのときの清国の対応を琉球の日本帰属という理解にこじつけた。そのことから、大日本帝国の最初の侵略戦争は、この琉球を獲るための台湾出兵といえるのではないか。その2年前の騙し討ちともいえる琉球藩設置もまさしく侵略行為だという見方からは1872年であるともいえる。近代日本の侵略と植民地支配の歴史は琉球の強奪とともに始まっている。

違法の併合から軍事植民地へ

その併合の過程は、上村英明や阿部浩己ら専門家は国際法違反だと言っており、各国と修好条約も結んだ主権を持つ王国の転覆であった。[24] 琉球への植民地責任の不可視化の克服には、これらの史実の認識を共有することが不可欠だ。もちろん、知念ウシが言うように、植民地とは公的、学術的に認められて存在するものというよりも、「植民地主義を行使されている側が気づき、発見し、告発する」ことにより存在させ得るものであると思う。[25]

琉球併合の際、中国の外務相の李鴻章が、日本がこのように琉球を取るのなら次は台湾を取るだろう、そしてその次は朝鮮、はては中国も侵略するかもしれないとの懸念を持っていたが、その後本当にそうなってしまった。[26] 琉球を侵略の第一歩として膨張し切った大日本帝国が「沖縄戦」で琉球を戦場化することによって壊滅的な被害をもたらし、敗戦とともに帝国が崩壊した後は、米国がアジアの侵略拠点として琉球／沖縄を軍事植民地として引き継ぎ、今にいたることは言うまでもない。[27] 現在、「切れ目ない」一体運用が進んでいる米日軍事同盟は中国への威嚇の牙を剥き出しにし、辺野古、高江、伊江島をはじめとする米軍基地強化に加え事実上の日本軍である自衛隊の攻撃基地まで琉球弧全体に配備しようとしている。

日本が琉球／沖縄に対して担う植民地責任の対象は、17世紀初頭の侵略以来の同化政策による社会体制、文化や言語の剥奪、強制併合から現在に至る主権剥奪状態の継続、沖縄戦での大量虐殺、年少者の不法徴兵、奴隷的労働、強制移住（マラリア被害を含む）、戦後の米軍による支配と「復帰」以降日米が過重に押し付ける基地に起因する犯罪、継続する植民地主義によるヘイトスピーチなどの差別行為すべてといえる(28)。

これらの具体的な罪を法的、政治的、社会的方法で裁き、償い、現行の罪はやめさせていくたゆまぬ努力が必要だ。と同時に、琉球／沖縄を差別していることを認識さえしない、どこかで知っていても知らぬふりをしたり(29)、「無意識の植民地主義」を実践したりする日本人(30)、つまりわれわれ一人ひとりが目を向けたくない植民地主義の罪と責任に敢えて目を向けて取り組んでいかなければいけない。

植民地責任の取り方としての「基地引き取り」

このような琉球／沖縄への植民地責任の取り方の一つとして、私たちが沖縄に置いている基地を本来の場所、日本に戻すという、いわゆる「基地引き取り」（「県外移設」）と言われている方法論は、琉球／沖縄の脱植民地化の道筋をつけるために大変重要であると私は思っている。私にとっては、沖縄への差別をやめるため、日本市民の大半が置くことを容認している基地を日本に置き直すということは当然に思えるが、これについては反発や怒りを表現する人が少なくない。日頃は日本の戦争責任や朝鮮半島などへの植民地責任を真剣に感じ考える人でも、こと琉球／沖縄のこととなると態度が変わるときがある。私には理解し難いが、思うにそのような人にとっては、朝鮮半島などと比べ、琉球／沖縄に対しては日本が植民地化してきたという歴史認識が薄く、また植民地主義が現在進行中のものであるということから、否応なしに加害側のポジショナリティを有するという自分を認識することに抵抗があるのではないか。

「基地引き取り」については、高橋哲哉の『沖縄の米軍基地「県外移設」を考える』（集英社新書、２０１５年）に主要論点は提示されている。しかし私は今年になって、ある沖縄の人から、〝引き取り論〟は高橋さんが言っていることという風にしてほしくない」と言われ恥じ入る気持ちになった。だから私はこの小文をきっかけにして、日本人が植民地主義に向き合い、その責任を担っていくということはどういうことなのかということをもっと自分の言葉で問い、考え、発信していきたいと思ったのである。「引き取り」という方法論を議論するだけでなく、その背景にある日本の琉球／沖縄に対する歴史的植民地主義と、現在の日米安保支持派が圧倒的多数である日本の民主主義下でどのように具体的に植民地責任を果たしていくのか、という文脈で「引き取り」について共に考えていきたい。

むろん、世界一の戦争国家である米国と手に手を取る安保体制自体の絶対悪はどこかに移動して済むものではない。世界中の無辜の市民を殺し続ける米軍の基地を日本に置く日米安保を私は容認しない。[31]「米軍基地はどこにあっても悪い」の原則は日本や琉球／沖縄、韓国だけでなくどこにも適用する。米軍基地を日本に引き取ることは当然と思う私たちも、米国が世界中で起こしている大量破壊行為に目を向けることを怠ってはいけないと。それはすなわち、自分たちが引き取ろうと言っている「米軍」がいかに恐ろしいものなのか、そしてむろんそれを沖縄に押し付けている自分たちこそがいかに罪深い存在なのかという、血のにじむような苦しい問いを自らに問うということだ。そういう意味では、日米安保をそもそも容認している人が米軍の暴力や植民地主義を真剣に考えることなしに、容易にこの「引き取り」論に賛同できてしまうのだとしたら、私たちはその容易さに便乗してはいけないと思う。さらに、米日の軍事統合がますます進む今、自衛隊を聖域化して米軍問題だけを扱うことも意味を為さない。私も参加している「沖縄の基地を引き取る会・東京」も、米軍も自衛隊も沖縄に押し付けてはいけないという意味で、「基地」としたと理解している。

この文で論じてきた「植民地責任」という観点から、すでに日本が何百年も植民地支配をした上、沖縄戦や米軍占領時代、「復帰」後を通して日米が軍事的搾取をしつくしてきた琉球／沖縄に基地を置き続ける理由は全く存在しない。日本の民主主義が米国の覇権主義と明確に線を引いて日米安保を撤廃できるようになるまでは日本にあるのが当然であり、琉球／沖縄に対する脱植民地化の責任を果たす最低限の要件であると思う。

私たちはここで脱植民地と脱軍事が相反する選択を迫られているように見えるかもしれないが、軍事主義が常に植民地主義と一体化してきた歴史と現状を踏まえると、脱植民地化を後回しにした脱軍事化などはあり得ない。逆も然りと私は考えるが、沖縄に対する長年の基地押し付けを含む日本の沖縄に対する歴史的植民地責任を考えると、日本全体を非軍事化するのに優先して何よりも先に沖縄を非軍事化しなければいけないと思う。

ここを起点に今後も積極的に議論に参加していきたい。

註

（1）"Justin Trudeau at the United Nations | Full UN speech from Canada's prime minister," CBC News. https://www.youtube.com/watch?v=20QqRtLoLFw (accessed September 24, 2017)

（2）カナダの先住民寄宿学校制度とその影響については、乗松聡子「政府と教会による民族抹殺政策『先住民寄宿学校制度』―和解は可能か」を参照。http://peacephilosophy.blogspot.ca/2013/10/blog-post_10.html

（3）"The National," CBC, September 21, 2017. https://www.youtube.com/watch?v=ysHadcw4J_s&t=1290s (Accessed September 24, 2017)

（4）Lorne Gunter, "Trudeau's UN address makes tackling First Nations problems even harder," Ottawa Sun, September 23, 2017 http://m.ottawasun.com/2017/09/22/trudeaus-un-address-makes-tackling-first-nations-problemseven-harder (Accessed September 25, 2017)

（5）Bruce Campion-Smith, "Canada struggles to improve conditions for Indigenous people, Trudeau tells the UN," The Star, September 21, 2017. https://www.thestar.com/news/world/2017/09/21/trudeau-to-use-un-speech-to-address-struggles-of-canadas-indigenous-peoples.html (Accessed September 24, 2017)

（6）"Justin Trudeau says respect indigenous people who won't celebrate Canada 150," Global News, June 29, 2017. https://globalnews.ca/news/3565693/justin-trudeau-indigenous-people-canada-day/ (Accessed September 26, 2017)

（7）"Trudeau sits down with Parliament Hill teepee protest ahead of Canada 150 celebrations," Toronto Sun, June 30, 2017. http://www.torontosun.com/2017/06/30/watch-trudeau-sits-down-with-parliament-hill-teepee-protest-ahead-of-canada-150-celebrations (Accessed September 26, 2017)

（8）永原陽子「序『植民地責任』論とは何か」永原編『「植民地責任」論―脱植民地化の比較史』、青木書店、２００９年、10頁。

（9）永原、10頁

（10）ハンナ・アレント著、中山元訳『責任と判断』、筑摩書房、２００７年、１９６〜２０７頁。

（11）Iris Marion Young, Responsibility for Justice, Oxford University Press, 2011, p.173.

（12）野村浩也『無意識の植民地主義　日本人の米軍基地と沖縄人』お茶の水書房、２００５年

（13）筆者と琉球／沖縄のかかわりについては「日本は『愚者の楽園』のままでいるのですか?」『沖縄の〈怒〉―日米への抵抗』、法律文化社、２０１３年、２６１〜４頁、乗松聡子『沖縄と九条―私たちの責任』、東アジア共同体研究

所　琉球・沖縄センター紀要第2号、2016年10月25日、43～50ページ、「乗松聡子の眼　忘れない植民者の立場」、「琉球新報」2017年5月16日3頁を参照。

(14) 乗松聡子「内向きの戦史観から脱却を」木村朗・高橋博子編著『核時代の神話と虚像』明石書店、2015年、120～122頁。

(15) 福澤については安川寿之輔の著書や、雁屋哲作・シュガー佐藤画『マンガ　まさかの福澤諭吉』(上、下)遊幻舎、2016年等、吉田については纐纈厚「吉田松陰は『偉人』なのか」、『週刊金曜日』2015年7月31日、22～23頁を参照。

(16) 成澤宗男「戦後69年の『過去の克服』という課題」Peace Philosophy Centre, May 9, 2014 http://peacephilosophy.blogspot.ca/2014/05/blog-post_10.html

(17) 永原、11頁。

(18) 高橋哲哉『靖国問題』、ちくま新書、2005年、80～96頁。

(19) 1910年朝鮮強制併合の際、歴史家の比嘉春潮が日記に「知りたきは、わが琉球史の真相なり。人はいわく、琉球は長男、台湾は次男、朝鮮は三男と。ああ、他府県人より琉球人と軽侮せらるる、また故なきに非ざるや」と書いた。出典は琉球新報社・新垣毅編『沖縄の自己決定権　その歴史的根拠と近未来の展望』、96頁。

(20) NHKスペシャル『日本国憲法誕生』、2007年4月29日総合テレビ放映、ベアテ・シロタ・ゴードン『1945年のクリスマス』柏書房、1995年。

(21) 小林たかし『植民地主義再考―民族差別なくすため』績文堂、2016年、26頁。

(22) 大田昌秀『沖縄差別と平和憲法　日本国憲法が死ねば「戦後日本」も死ぬ』、BOC出版、2004年、21～23頁。

(23) 前掲『沖縄の自己決定権』45～84頁。

(24) 同上、100～109頁。

(25) 知念ウシ『ウシがゆく　植民地主義を探検し、私をさがす旅』、沖縄タイムス社、2010年、2～3頁。

(26) 『壁の向こうに友人を作る』―大田昌秀元沖縄県知事インタビュー」、Peace Philosophy Centre, June 9, 2017
http://peacephilosophy.blogspot.ca/2017/06/original-japanese-version-of-interview.html

(27) 吉田健正『「軍事植民地」沖縄　日本本土との〈温度差〉の正体』（高文研、2007年）には米軍による沖縄統治、サンフランシスコ平和条約や日米地位協定の「植民地性」が詳しく解説されている。

(28) 永原の前掲論文（23～27頁）では、「植民地責任」論が扱う対象を、「①直接の当事者が現存する個別事件としての「植民地犯罪」とその被害、②直接の当事者の存在しない、過去における個別の「植民地犯罪」とその被害、③植民地体制下の政策等に発する世代を超えた被害、④歴史・文化の剥奪とその被害」と分類している。ここでいう沖縄の植民地責任はこのモデルを念頭に置いて記述した。

(39) 知念ウシ『シランフーナーの暴力』未來社、2013年。

(30) 前掲『無意識の植民地主義』

(31) 乗松聡子監修・翻訳『正義への責任　世界から沖縄へ』①～③巻（琉球新報社）参照。

三　在日朝鮮人に対する差別とヘイト

7　「高校無償化」制度からの朝鮮学校除外に対する闘い

金東鶴

一　「高校無償化」排除の経緯

1　民主党政権下の迷走

２０１０年度からの法施行により始まったいわゆる「高校無償化」制度。(1)この制度は２０１０年度の予算に朝鮮学校の生徒分も含まれていたことからも分かるように、当初は朝鮮学校をはじめとする外国人学校に対してもその対象とすることが予定されていた。本制度は、「教育についてのすべての者の権利を謳っている国際人権Ａ規約の精神」（２０１０年11月5日文科大臣談話(2)）に基づき、後期中等教育（高校段階）の「教育機会の均等」（「高校無償化」法1条(3)）を図るという趣旨で設けられたものだったからだ。しかし、同年2月に鳩山内閣の中井洽拉致問題担当大臣（当時）が、拉致問題を理由に朝鮮学校への適用に反対していることが報道され紛糾。自民党の政治家や産経新聞等も反対の大合唱を始めた。

4月から施行された「高校無償化」法は、学校教育法上の「学校」（いわゆる一条校）だけでなく、専修学校、各種学校でも「高等学校の課程に類する課程を置くものとして文部科学省令で定めるもの」なら対象となる。そして、それを受けた省令（同法施行規則）において、各種学校の中では「我が国に居住する外国人を専ら対象とするもの」、つまりは外国人学校で、（イ）大使館等を通じて日本の高等学校に対応する外国の学校の課程と同等の課程を有するものとして当該外国の学校教育制度において位置付けられたもの、（ロ）国際的に実績のある学校評価団体の認証を受けていることが確認できるもの、（ハ）イ及びロに掲げるもののほか、文部科学大臣が定めるところにより、高等学校の課程に類する課程を置くものと認められるもの、この3つのどれかに該当すれば、文部科学大臣の指定を受け、適用されるということとされた。これに基づき、文科省は、（イ）の要件を満たすとして中華学校や、韓国学校、ドイツ学校、ブラジル学校などが、（ロ）の要件を満たすとしてインターナショナルスクールが認められるとした。一方、朝鮮学校はこのいずれにも該当しないとして（ハ）の規定に基づく「高等学校の課程に類する課程を置くものと認められる」か否かの審査を経て、決めるということとなった。結局、朝鮮学校は、制度開始時に置いてきぼりをくらうことになったのである。

ただ、その審査の判断基準については「高校無償化」法の国会審議時（2010年3月12日）に「外交上の配慮などにより判断すべきものではなく、教育上の観点から客観的に判断すべきもの」とする「政府統一見解」が表明されていた。民主党政権においては、一部に異論を抱えながらも、さすがに拉致問題が、子どもたちの学ぶ権利を侵害することの「理由」にはなり得ないという感覚が、まだ生きていたと言えよう。

そして、この「政府統一見解」に基づき同年11月5日には審査の基準となる規程[4]が発表される。それから間もない頃に起こった朝鮮半島延坪島における軍事衝突等で審査開始が翌年秋からにずれ込むも、教育の専門家らによって構成された審査会において、審査が行われることとなる。この審査の基準は、基本的に、「『高等学校の課程に類する課程』であるかどうかを制度的・客観的に判断する」（上記の談話）ためのものとして専修学校レベルの教員数、授業年限、授業時数等の外形的基準を備えていれば、要件を満たす形になっていた。

審査が進めば、これらの要件を備える朝鮮学校が適用となることは自明のことであり、それは当時野党の立場にあった下村博文議員が「外形的な条件を満たせば無償化の対象となります。……審査手続きが再開されれば、事実上無償化の対象となってしまうのです[5]」と訴えていることが物語るように自民党側の認識でもあった。この認識を持つ故に、自民党は審査の根拠規定である（ハ）項そのものを葬り去ることを画策し、2012年11月にはそれだけを目的とした法案提出までしている[6]。また、こうした動きは地方にも飛び火し、地方自治体が長年にわたり出してきた朝鮮学校への教育助成金――これも日本学校と比べると極めて少額に過ぎないものだが――をも止めようという働きかけが2010年以降なされてゆく。そして石原都知事、橋下大阪府知事、上田埼玉県知事（いずれも当時）など補助金を止める首長が一人また一人と出てくる。[7] そして相変わらずも産経新聞などが執拗に朝鮮学校へのネガティブキャンペーンを続ける。こういった状況の中、民主党政権は、結論を出さないまま、政権の座から立ち去ることになってしまうのである。

2　安倍内閣による暴挙

２０１２年12月26日、政権の座に戻った自民党による第二次安倍内閣が発足する。

その夜遅くに就任した下村博文文科大臣はその二日後、まるで初仕事であるかのように記者会見の席上、開口一番「まず、無償化に関する朝鮮学校の扱いについて報告をいたします。本日の閣僚懇談会で、私から、朝鮮学校については拉致問題の進展がないこと、朝鮮総連と密接な関係にあり、教育内容、人事、財政にその影響が及んでいること等から、現時点での指定には国民の理解が得られず、不指定の方向で手続を進めたい旨を提案したところ、総理からもその方向でしっかり進めていただきたい旨の御指示がございました。このため、野党時代に自民党の議員立法として国会に提出した朝鮮学校の指定の根拠を削除する改正法案と同趣旨の改正を、省令改正により行うこととし、本日からパブリック・コメントを実施することにいたします。なお、今後、朝鮮学校が都道府県知事の認可を受け、学校教育法第１条に定める日本の高校となるか、又は北

朝鮮との国交が回復すれば現行制度で対象と成り得ると考えているところでございます」と語った。(8)

そしてさらに「朝鮮学校の件ですけれども、前政権は外交とか教育内容とは絡めないということで、専門家による審査をするという枠組みを作ったわけですけれども、この枠組みがどうなるのかということと、教育問題を絡めないとしてきたことを方針転換するわけですけれども、そのことについてもう一度ちょっと、なぜ教育内容と外交を一緒くたにするのかいうことについて教えてください」との記者の質問に対し、「外交上の配慮などにより判断しないと、民主党政権時の政府統一見解として述べていたことについては、当然廃止をいたします。もろもろの事情を総合的に判断、勘案して判断するということでございまして、そのように今後は対応するということです」と言ってのけたのである。

そして、この方針はそのまま進められ、翌2013年2月20日に朝鮮学校を審査するための根拠規定（ハ）を削除するためだけの省令（施行規則）改正が施行された。また同日、省令改正手続きとして行われたパブリック・コメントの結果が文科省のホームページにアップされ、(9)そこにも「文部科学省の考え方」として上記の記者会見での下村大臣発言と全く同様に「朝鮮学校については、拉致問題の進展がないこと……」と書かれた。

そしてこの同じ日に、朝鮮学校には適用しないという不指定決定通知が出されるに至る。

この不指定決定通知書には、審査の根拠となる「ハの規定を削除したこと」に加えて「規程第13条に適合すると認めるに至らなかった」ことから「認められません」となっている。この第13条には「……指定教育施設は、高等学校等就学支援金の授業料に係る債権の弁済への確実な充当など法令に基づく学校の運営を適正に行わなければならない」と書かれているが、条文中の「法令に基づく」という文言に引っ掛けて、朝鮮学校と在日本朝鮮人総連合会（以下、朝鮮総連）との関係が教育基本法16条1項の「不当な支配」に当たるとの疑念が拭われていないといったことを言わんとして、盛り込んできたのである。

下村大臣が記者会見で不指定方針を表明したことを受け、既に1月には大阪と愛知で訴訟が起こされていた。おそらく、拉致問題云々という外交的、政治的判断からの根拠規定削除による不指定ということだけでは法廷における旗色が悪くならざるを得ないという危機感が右の加筆をうながしたのであろう。[10]

このようにして審査の進行中、その結論も出ないままの状態で、外交的、政治的理由からその審査の根拠規定を無くして不指定にするというまさに暴挙としか形容しようのないことが行われたのだ。

二　裁判闘争

1　裁判の争点

この省令改正と不指定通知が実行されるに先立ち2013年1月24日に提訴した大阪、愛知を皮切りに、続けて広島（同年8月1日）、福岡（同年12月19日）、東京（2014年2月17日）と全国5カ所で排除された生徒や朝鮮学園が原告となり闘われているのが「高校無償化」裁判である。(11)

この裁判の一番の争点は、2012年12月26日、政権の座に戻ることとなった自民党政権が、そのたった二日後、「拉致問題の進展がないこと」というまさに外交的、政治的な理由を挙げながら、「朝鮮学校の指定の根拠を削除する」省令改正を行うことにより不指定とすることを宣言し（2012年12月28日下村文科大臣記者会見）、それをそのまま実行した（2013年2月20日）ことが、「教育の機会均等」を掲げる「高校無償化」法の目的から逸脱した他事考慮によるものであり、同法の委任の範囲内で省令改正が行われなかったことから違法、無効であるという原告側の主張が、認められるか否かという点にあった。

これについて、被告の国側、つまり日本政府は裁判において、「拉致問題の進展がない」という理由は引っ込め、さも審査を尽くし、その結果として不指定の結論が出た、よって審査のための根拠規定（ハ）は不要となったので削除したに過ぎないという詭弁を弄した。

これが詭弁以外の何物でもないことは、弁護団が開示請求して文科省から引き出し、証拠物として裁判所に提出している不指定の決裁文書（決裁日は２０１３年2月15日）を見ればよく分かる。その文書の「件名」からして「公立高等学校に係る授業料の不徴収及び高等学校就学支援金の支給に関する法律施行規則第1条第1項第2号ハの規定の削除に伴う朝鮮高級学校の不指定について」と書いてあり、またその次の段の「伺い文」のところも同様に「本件は、……ハの規定の削除に伴い、朝鮮高級学校を不指定とするものである」とだけ、その理由が書かれている。審査の結果、認められなかったというようなことは一言も書かれていないのである。つまりこの決裁文書はどこからどう見ても不指定の決定は省令上の審査の根拠規定（ハ）の削除によるものであることを如実に示しているのである。

さらにこの不指定の決裁文書と決裁日を同じくする文書がある。（ハ）の規定を削除した省令改正の決裁文書である。そこには、理由らしきことは一切書かれておらず、その添付資料となっている改正案の概要を示す資料には、「参考」として前述の記者会見の前に行われた閣僚懇談会において文科大臣が首相と拉致担当大臣に「拉致問題の進展がないこと……朝鮮学校を不指定の方向で検討を進めてまいりたい」と提案し、同意を得るやりとりが挙げられているだけである。

もちろん、朝鮮学校への不指定と決まったからこの規定は不要となったなどとは一言も書かれていない。また、決裁文書の番号もこの省令改正の文書の方が先となっている。根拠規定削除で不指定になったのか、不指定の結論が出たので根拠規定を無くしたのかは明らかということだ。

東京地裁における2016年12月13日の証人尋問におけるやりとりは、この論理のすり替えを赤裸々に暴き出すものとなった。証人として出てきた文科省の望月初等中等教育局主任視学官(不指定当時)は、原告側の「審査会において規程13条に適合しないという結論が出たのか?」「審査会において判断できないという結論を出したのか?」「審査会に時期を示して結論を出すように求めたのか?」「審査会に結論を出すことが可能かどうか照会したのか?」という質問に対し、ことごとく「いいえ」と答えたのである。さらに先述の記者会見における下村発言について問い詰められると「対外的に国民目線でわかりやすい言葉で発信したもの」「不指定の理由の法律論を述べたものではない」と訳のわからない答弁をする始末であった。

このように裁判を通して何が事実なのかは明々白々となっているのである。

2　相反する判決

しかし、2017年7月19日の広島地裁判決、そして同年9月13日の東京地裁判決は、不当にもこの紛れもない事実から目を背けるものだった。

両判決は、規程13条に適合すると認められなかったとの文科省の判断に違法性はないとし、また、ハの規定を削除した省令改正については、不指定の判断が既に出されている故、その是非は結果を左右しないとして判断を避けるものであった。両地裁の裁判官は、外交的、政治的思惑から省令上の根拠規定を無くし、審査を中断し、不指定としたという事実に目をつむり、事実無根の記事を垂れ流す産経新聞、また公安筋などの偏見に満ちた根拠がまともに示されていない不確かな情報を盾にして、子どもの学ぶ権利という基本的人権を抑圧する許しがたい日本政府の行いを追認したのである。まさに政府への卑屈な忖度がなされたと言うしかない。

一方、大阪地裁判決はこれとは真逆の原告側全面勝訴という判決であった。

「下村文科大臣は、後期中等教育段階の教育の機会均等とは無関係な、朝鮮学校に支給法を適用することは北朝鮮との間の拉致問題の解決の妨げになり、国民の理解が得られないという外交的、政治的意見に基づき、朝鮮高級学校を支給法の対象から排除するため、本件規定を削除したものであると認められる。したがって、本件規定の削除は、同号の委任の趣旨を逸脱するものとして違法、無効と解すべきである」（判決要旨より）との判断は原告側の主張そのものであり、事実を事実通り認定したものと言える。

また朝鮮総連との関係についても「朝鮮総連は、第二次世界大戦後の我が国における在日朝鮮人の自主的民族教育が様々な困難に遭遇する中、在日朝鮮人の民族教育の実施を目的の一つとして結成され、朝鮮学校の建設や学校認可手続などを進めてきたのであり、朝鮮学校は朝鮮総連の協力の下、自主的民族教育施設として発展してきた」（判決文より）、「在日朝鮮人の民族教育を行う朝鮮高級学校に在日朝鮮人の団体である朝鮮総連等が一定の援助をすること自体が不自然であるということはできない」（同上）とし、さらには、教育基本法16条1項の「不当な支配」の判断が文科大臣の裁量にゆだねられるべきものとすることは、「教育に対する行政権力による過度の介入を容認することになりかねず、同項の趣旨に反する」（同上）と文科省の姿勢を指弾した。

民族団体における最重要課題の一つが子どもたちの教育問題となることは至極当然の話である。東京韓国学園の理事長は現職も前職も在日本大韓民国民団中央本部の団長が務めている。そもそも民族学校に限らず、私立学校であればその母体となる集団と学校との間に強い関係があることは普通のことであり、例えば龍谷大学などは、その「寄付行為」（会社でいえば定款にあたるもの）で浄土真宗本願寺派総長が理事長となることが明記されている。[12] これは「私立学校の特性にかんがみ、その自主性を重んじ……」（1条）とする私立学校法からみても、また「個人及び団体が教育機関を設置し及び管理する自由」を保障する社会権規約（国際人権A規約）13条4項からみても何の問題もないことであり、実際、朝鮮学校以外の学校は何の問題にもなっていいない。

唯一、朝鮮総連と朝鮮学校の関係だけを非難し、偏見に満ちた疑念の目を向け、粗捜しをするというのはまさにダブルスタンダード、差別であり、更にはそれを制度からの差別的排除の大義名分にまでするようなことが許されれば、それこそ行政による教育への「不当な支配」が復活することになる。大阪地裁判決は、教育基本法が「戦前の我が国の教育が国家による強い支配の下で形式的、画一的に流れ、時に軍国主義的又は極端な国家主義的傾向を帯びる面があったことに対する反省により制定されたもの」（判決文）であり、「不当な支配に服することなく」とした教育基本法16条1項は、「教育に対する権力的介入、特に行政権力による介入を警戒しこれに対して抑制的態度を表明したもの」（同上）であることを示しながら、その点を強く指弾したのだ。

広島、東京、大阪。その独立性を守り、良心にしたがい、事実に基づく判決をしたのはどの地裁か――「制度の門を開き申請を受け付け、審査もしていたのに、政治判断でいきなり門を閉じた」「極めて理不尽」（神奈川新聞２０１７年9月13日）――制度設計にも関与した前川前文科省事務次官のこの言葉を引用するまでもなく、答えは明らかであろう。これらの判決はどれも控訴審を行うことが決まり、今後、判決が出る愛知や福岡も含め裁判は各地で続くことになる。言うまでもないが、各地の裁判官は、時の政権に忖度などすることなく、事実を事実として認定し、法と正義に基づいた判断をし、「官」による子どもたちへの人権侵害を阻止すべきである。

三　朝鮮学校排除の「思想」

朝鮮学校への差別は何も昨今に始まったものではない。日本が朝鮮を植民地化していた当時は、民族教育をする余地は朝鮮半島ですらどんどん制限されていき、1930年代後半からは皇国臣民化政策という苛烈な同化政策がすすめられた。

日本の敗戦後も、国籍に関してはサンフランシスコ講和条約（日本国との平和条約）の発効（1952年4月28日）に伴い、原状回復ということで、一片の法務府民事局長通達（1952年4月19日、民事甲438号）で「日本国籍を喪失する」とするとした一方で、日本政府は、在日朝鮮人の民族教育に対して何らの保障もしようとはしなかった。「日韓併合なかりせば、有したであろう民族の言葉や文化を回復する営為[13]」、まさに原状回復に不可欠のものであるにもかかわらず、である。

それどころか、同条約発効前である1948年、49年には、発効までは日本国籍を持っていることになるから日本の学校に通うべきであり、民族学校へ通ってはならないというロジックをかざして学校閉鎖措置をとり、同条約が発効すると今度は、日本国憲法26条の教育を受ける権利は、国民以外には保障されないとして、日本の学校へ通うことについては「事情の許す限りなお従前通り入学を許可する」[14]という扱いにした。

1965年韓国との国交を結ぶに当たり、在日朝鮮人の中で、韓国の在外国民登録をした者という限られた範囲ではあったが、永住資格を保障せざるを得なくなったときには、「わが国に永住する異民族が、いつまでも異民族としてとどまることは、一種の少数民族として将来困難深刻な社会問題となる……同化政策が強調されるゆえんである。すなわち大いに帰化してもらうことである。……南北のいずれを問わず彼らの行う在日の子弟に対する民族教育に対する対策が早急に確立されなければならない」（内閣調査室〔現、内閣情報調査室〕発行『調査月報』1965年7月号）という考えのもと、国会では「植民地を解放して独立したのだ、独立した教育をしたいのだ、こういうことであれば、それはその国においてなされることはいい。ここは日本の国でございますから、日本にまでそれを要求されることはいかがかと、かように思うのであります。はっきり申し上げておきます」[15]と首相が発言する。「朝鮮人として民族性または国民性を涵養することを目的とする朝鮮人学校は、わが国の社会にとって、各種学校の地位を与える積極的意義を有するものとは認められないので、これを各種学校として認可すべきでない」[16]という国連の自由権規約委員会でも指弾（1998年の対日審査時）された文部事務次官通達は、そんな中、出されたものだ。[17]まさに民族の魂を引っこ抜こうという文化的ジェノサイドが戦後も試みられてきたと言っても過言ではなかろう。

先述の下村大臣の記者会見においても、一条校になれば「高校無償化」適用が可能と語られているが、彼はこの後、大臣就任中の記者会見の場だけでも何度も同じことを語っている。一条校になるには文科省検定済教科書の使用や「日本人を育成」することを目的に謳った学習指導要領に従うことが法令上義務付けられており、民族教育を十分施すためのカリキュラムが組めないことから、ほとんどの外国人学校が各種学校の地位に甘んじざるを得ない状況を立場上当然知っているはずでありながらも、そういう言葉を公然と吐いているのである。

まさに植民地主義の継続と言えるこの同化思想、そして植民地支配の過程で培われることとなった朝鮮人らへの差別意識は、清算はおろか、ろくに省みられることもなく、未だ消え去らないまま、この日本社会に伏流水のように流れ続けている。そして何かことあるごとに、またぞろ吹き出すといったことが繰り返されてきたのだ。それが朝鮮学校への差別処遇の継続を可能にさせ、今また強く吹き出し、官民挙げての差別が横行していると言えるだろう。

四　拡がる支援

このように朝鮮学校の受難は、なにも「高校無償化」から始まったものではない。在日朝鮮人の一世、二世たちは数々の困難を乗り越え朝鮮学校を守り抜いてきたのだ。その伝統は、魂は、今も子どもたちに受け継がれている。

東京判決から2日後の金曜日、文科省前に立った朝鮮大学校の女子大生は次のように語った。

「不当判決が言い渡されたその日から、高校無償化が適用されるまで闘おうという決心がより強く大きくなりました。日本政府は在日朝鮮人の民族教育をなくそうと必死ですが、あなたたちが躍起になればなるほど私たちは団結し、力は大きく強くなり、民族差別が根絶されるその日まで闘うでしょう[18]」

2013年5月から4年以上にわたり毎週金曜、文科省前で行われ、この日で138回目となる朝大生らによる「金曜行動」には、オモニ（母親）やアボジ（父親）たち、朝高生たちも駆けつける。

そして日本人の支援者も、これは単なる支援ではなく自らの社会のあり様の問題、よって自らの課題なのだと、毎週駆けつける。2010年以降、日本の市民が中心になって「『高校無償化』からの朝鮮学校排除に反対する連絡会」が結成され、300を超える市民団体の賛同を集めながら、要請活動や集会、デモなど精力的な活動が続けられている。また裁判を闘う5か所においては裁判を支援する会が結成され、それ以外にも、「阿佐ケ谷朝鮮学校サランの会」、「大阪朝鮮学園支援府民基金（ホンギルドン基金）」、「四国朝鮮学校市民基金」等の団体が結成されている。

さらにソウルでも2014年6月13日、宗教、女性、労働、法曹、教育、統一運動など、各界各層の団体が集まって「ウリハッキョと子どもたちを守る市民の会」が結成されたのを契機に、日本大使館前の「少女像」、集会の現場、自身の職場、済州島の日本総領事局前でも毎週金曜日に多様な形態の「金曜行動」が行われている。(19) 東日本大震災を契機に被災地の朝鮮学校支援のためのチャリティーコンサートを始めた韓国の俳優や映画監督、ミュージシャンたちによる団体「モンダンヨンピル」のコンサート活動は、2012年から日本でも毎年のように行われ、「高校無償化」の闘いにも大いに力を与えてくれている。

たいへん不当な差別に直面した子どもたちの中で、それを撥ね返す力が宿り、また多くの人々と繋がることにより、「力は大きく強く」なっているのだ。

五　さいごに

「私が学んだことは、変化を起こすには、恐れずに、最初の一歩を踏み出すということです。そうでなければ、変化を起こすことはできません。思うに、ただ一つの失敗というのは、挑戦してみようとしないことです」

これは、白人のために席を空けるようにという運転手の指示に従わないという行動を通して公民権運動に火をつけることとなったローザ・パークスの言葉だ。

京都の朝鮮学校保護者らは、「在日特権を許さない市民の会」(在特会)らによる2009年12月からの3回にわたる襲撃後、提訴という行動に踏み切った。子どもたちに更なる危害が加えられないか、在日朝鮮人の権利に関する案件で司法に期待を持てるのか……でも子どもたちの尊厳を守らなければならない。悩みぬいた末の結論であり、まさに挑戦であった。その結果、彼らの行為が人種差別撤廃条約に抵触し、民族教育を行う社会環境を損なうものであることを裁判所に認定させ、約1200万円という損害賠償と、半径200メートル以内の街宣禁止という判決を勝ち取った。

制度から排除された200人以上の子どもたちが自ら原告として立ち上がり、法廷闘争を続けている「高校無償化」裁判。この「民」ではなく「官」を相手にした挑戦に、日本の司法は、そして日本社会は、どのような答えを出すのであろうか?

注

（1）「公立高等学校に係る授業料の不徴収及び高等学校等就学支援金の支給に関する法律」２０１４年度からは所得制限が設けられ、法律名も「高等学校等就学支援金の支給に関する法律」となる。

（2）http://www.mext.go.jp/b_menu/houdou/22/11/__icsFiles/afieldfile/2010/11/10/1299000_02_1.pdf

審査のための規程が発表された日に出された高木義明文部科学大臣の談話。国際人権A規約の正式名称は「経済的、社会的及び文化的権利に関する国際規約」で、社会権規約ともいう。

（3）第一条　この法律は、公立高等学校について授業料を徴収しないこととするとともに、公立高等学校以外の高等学校等の生徒等がその授業料に充てるために高等学校等就学支援金の支給を受けることができることとすることにより、高等学校等における教育に係る経済的負担の軽減を図り、もって教育の機会均等に寄与することを目的とする。

（4）公立高等学校に係る授業料の不徴収及び高等学校等就学支援金の支給に関する法律施行規則第１条第１項第２号ハの規定に基づく指定に関する規程

http://www.mext.go.jp/b_menu/houdou/22/11/__icsFiles/afieldfile/2010/11/10/1299000_01_1.pdf

（5）『自由民主』２４７８号（2011.9.20）「自民党はこう考える：朝鮮学校の高校無償化は認められない　反日教育に血税―下村博文シャドウ・キャビネット〔ＳＣ〕の文科大臣に聞く」

（6）法案は同法施行規則にある（イ）（ロ）（ハ）を、法律レベルに格上げした上で、（ハ）を削除するというもの。衆議院解散により廃案となる。

（7）この動きはその後も拡がり、現在、補助金を止めた都道府県は、全体（朝鮮学校が所在する都道府県）の半分ほどに及んでいる。

（8）http://www.mext.go.jp/b_menu/daijin/detail/1329446.htm

（9）http://search.e-gov.go.jp/servlet/PcmFileDownload?seqNo=0000097102

（10）ただ、ここでもあくまで「認めるに至らなかった」と書いているに過ぎない。しかも、省令改正と不指定がされてから約一か月半後の2013年4月3日に私が支援者らとともに文科省と交渉を行ったとき、出てきた文科省の担当官僚は、「13条に抵触したというジャッジメントをされたのか、抵触したとも、していないとも判断を出すに至らなかったということなのかどちらですか?」という私の質問に対し、「後者の方でございます」とはっきり答えている。

（11）大阪は学園が原告の不指定の取消し及び指定の義務付け訴訟、愛知、福岡、東京は生徒が原告の国賠訴訟、広島は学園と生徒が原告となっている。

（12）http://www.ryukoku.ac.jp/about/outline/rules/reiki_honbun/i600000I001.html#j8_k1_g3

（13）田中宏　東京第二朝鮮初級学校（枝川朝鮮学校）土地明け渡し裁判において提出された意見書より。同意見書は、『とりあげないでわたしの学校―枝川朝鮮学校裁判の記録〈第1集〉』に収められている。

（14）1953年2月11日　文部省初等中等教育局長通達「朝鮮人の義務教育諸学校への就学について」（文初財第74号）。現在も、日本の学校への入学を拒まれるというケースは、運用上は無くなっているものの、権利性自体は未だ認められていないことに変わりはない。

（15）佐藤栄作、１９６５年12月４日参議院・日本国と大韓民国との間の条約及び協定等に関する特別委員会にて。
（16）１９６５年12月28日『朝鮮人のみを収容する教育施設の取扱いについて』文管振第２１０号
（17）同通達は出たものの、その後、各種学校認可は認可権を持つ都道府県知事の判断により進み、１９７５年には朝鮮学校があるすべての知事が各種学校の認可をすることとなる。
（18）神奈川新聞ＷＥＢ版２０１７年９月18日 https://www.kanaloco.jp/article/278053/1/
（19）在日本朝鮮人人権協会発行『人権と生活』45号所収「すべての子どもたちには学ぶ権利がある！―韓国で拡がる朝鮮学校支援運動―」孫美姫

8　「ニュース女子」問題とは何か

辛淑玉

一　何が放送されたのか

問題となった２０１７年１月２日の放送では、自称軍事ジャーナリストによる、沖縄の現地取材と称する映像が流れた。しかし、実際にはネットで流布されているデマ情報のつまみ食いだけで、「沖縄の米軍基地反対運動に携わっているのは過激派・テロリスト」「逮捕されても困らない老人ばかり」「日当を払って県外から動員している」「裏には韓国・中国がいて、黒幕は『のりこねっと』の親北朝鮮派の辛淑玉だ」と主張する内容だった。

沖縄の基地問題を矮小化し、反対する人々を嘲笑し、在日と北朝鮮を結びつけて人々の差別意識を煽りながら民族差別をする。字幕には「基地外」（基地の外＝キチガイ）という差別的ネットスラングまで使われていた。

要するに、沖縄の人たちは本当は米軍が大好きで、沖縄に基地反対派はいない、と主張するためだけに作られた完璧なフェイクニュースであり、沖縄ヘイトと在日朝鮮人ヘイトの合体でもあった。

1月2日の番組が厳しい批判を受けると、翌週1月9日の放送では言い訳のために右派論客をゲストに呼び、批判されている「取材なしの番組」という問題点を棚上げにして論点をずらし、さらに「のりこえねっと」や私個人を侮辱する発言を続けた。

その後も批判が止まなかったため、今度は沖縄取材第二弾と称して西田昌司自民党参議院議員のインタビューが行われた。西田氏は「在日外国人であるがゆえにね、自分たちが少しでも不利なことを言われたりとかしたら、それ自身が差別だ！　とか、人権侵害だ！　とか、ヘイトだ！　とか、そういう話にしちゃって」「在日を振りかざしたかたちで政治発言をする。（略）政治発言をしているにもかかわらず、政治発言をしている人に対して『それは差別だ』とかいう言い方でね、差別問題に変えてしまうのはね、ものすごくこれは卑怯」「MXは堂々とこのことについて反論すべきです」などと番組を擁護した。

この回（問題が大きくなったため地上波では放送されていない）の動画再生回数は25万9千回を超えている。（8月12日現在）

ネットに蔓延する沖縄ヘイトとは、

・沖縄は基地なしでは食べていけない。
・沖縄は特別な優遇予算を国からもらっている。
・反基地闘争は金をもらってやっている。

・反基地闘争は地元住民ではなく過激派や本土の活動家がやっている。
・反基地闘争は中国や北朝鮮から支援されている。
・中国や韓国、北朝鮮の工作員が現地で闘争を指導している。

といったものだ。

これらはすべてウソである。

二　ニュース女子とはどういう番組なのか

同番組のホームページには、「タテマエや綺麗ごとは一切なし！　本音だらけのニュースショー‼」「今話題のニュースを女性とともに考え、面白くわかりやすく解説する、大人の社交界型ニューストーク番組」と書かれている。この番組は、大学教授、評論家、元官僚、ジャーナリストといった男性コメンテーターたちが、若い女性たちに時事ニュースの「真実」を教えるというスタイルで作られている。

この番組の第1の問題は、ニュース番組の必須要件と言える、取材に基づいた内容になっていないことだ。

同番組の制作会社である株式会社ＤＨＣテレビジョンは、同社の見解として、

「そもそも法治国家である日本において、暴力行為や器物破損、不法侵入、不法占拠、警察官の顔写真を晒しての恫喝など数々の犯罪や不法行為を行っている集団を内包し、容認している基地反対派の言い分を聞く必要はないと考えます」と述べており、事実関係を当事者に取材して確認するという、報道機関として最低限必要な作業を行う意思がないことを公言している。

そもそも、なぜ沖縄の人たちが辺野古や高江で基地建設に抗議しているのかという根本認識が欠けているため、反対運動への敵意をむき出しにした意図的な番組となっているのだ。これは当該放送回に限ったことではない。番組に出演したコメンテーターらは、大学教授やジャーナリストといった肩書を利用して真偽不明の情報をあたかも真実であるかのように語っており、不確かな情報源で構成していることが最大の問題である。

第2に、番組構成にセクシズム（性差別主義）要素が満載されている。

コメンテーターの男性らがデマやヘイトを言い放っている間、聞き役の若い女性タレントたちは、「えー！」と驚いたり、「どうして外国人が反対運動をしてるんですか？」「警察は何もできないの？」などと質問したりして場を盛り上げる役割を担わされている。女性たちは常に聞き役で、自説を語ったり反論を述べたりすることはない。

つまり、番組自体が「社会を知らない無知な女の子に経験も知識も豊富な年長の男性が教えてやる」という、差別的な構造を取っているのだ。

また、当該放送回とは別の回では、公共の場での喫煙規制の問題について、コメンテーターの大学教授が「たばこによる健康被害はない」との自説を述べる際、健康被害があるというのはジェンダー運動をしている女性によるでっち上げだなどとして、女性に対する誹謗も行っている。

第3に、在日外国人に対する敵視、とりわけ、在日コリアン、在日中国人に対する差別の扇動に満ちている。

日中問題を取り上げた回では、「日中が戦争になった場合、日本国内にいる中国人は、中国政府の命令によって一斉に蜂起することになっている」などと述べ、有事の際に中国人に対するヘイト・クライム、ジェノサイドを誘発する扇動発言を行っている。

まとめると、「ニュース女子」は、取材を行わずに不確かな情報で番組を構成する、番組の構成自体が性差別的である、女性やマイノリティに対する差別を扇動している、という問題を有する番組であるということだ。

三　スポンサー企業はＤＨＣ

まず、次ページの図1を見てもらいたい。

この番組のスポンサーはＤＨＣで、ＭＸテレビから放送枠を買い、１００％出資子会社のＤ

ＨＣシアター（現ＤＨＣテレビジョン）と、その関連制作会社のボーイズに番組を作らせている。

　このＤＨＣの吉田嘉明会長は、同社のホームページに以下のような文章を掲載している。

『創業社長は痩せても枯れても本物ですが、時々とんでもない悪がいたりしますので、この点は注意が必要です。純粋な日本人でない人も結構います。本物、偽物、似非ものを語るとき在日の問題は避けて通れません。この場合の在日は広義の意味の在日です。いわゆる三、四代前までに先祖が日本にやってきた帰化人のことです。

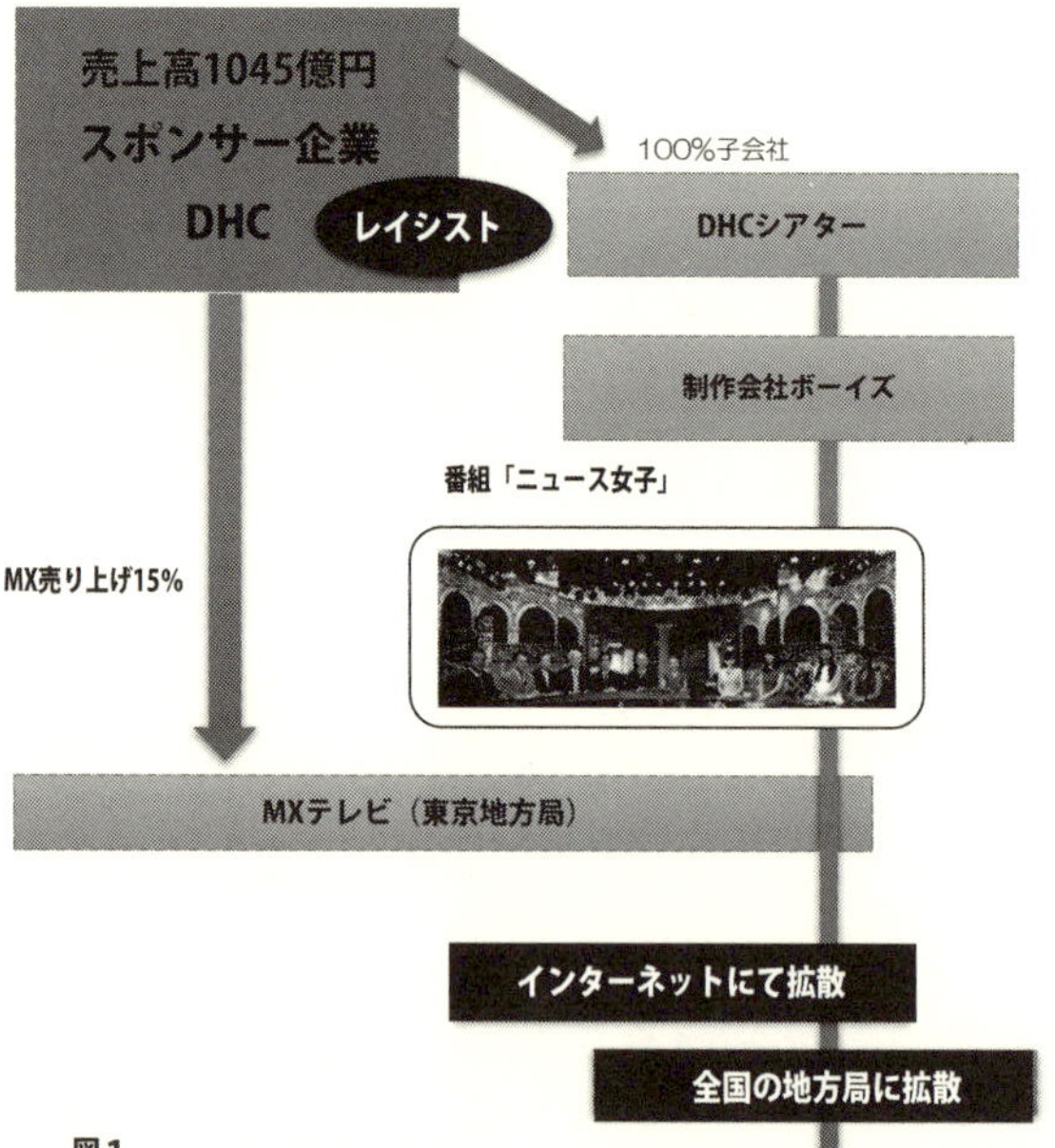

図1

そういう意味では、いま日本に驚くほどの数の在日が住んでいます。同じ在日でも日本人になりきって日本のために頑張っている人は何の問題もありません。立派な人たちです。問題なのは日本人として帰化しているのに日本の悪口ばっかり言っていたり、徒党を組んで在日集団を作ろうとしている輩です。いわゆる、似非日本人、なんちゃって日本人です。（略）芸能界やスポーツ界は在日だらけになっていてもさして問題ではありません。影響力はほとんどないからです。問題は政界、官僚、マスコミ、法曹界です。国民の生活に深刻な影響を与えます。私どもの会社も大企業の一員として多岐にわたる活動から法廷闘争になるときが多々ありますが、裁判官が在日、被告側も在日の時は、提訴したこちら側が１００％の敗訴になります。裁判を始める前から結果がわかっているのです。似非日本人はいりません。母国に帰っていただきましょう。』

明白な人種差別であり、憎悪扇動である。

彼は、自己に対する批判を封じるために、個人やメディアを対象に「名誉毀損」などを理由に、通常の裁判では考えられない高額の損害賠償請求訴訟、いわゆるスラップ訴訟を連発している。

そのほとんどは吉田氏の敗訴となってはいるが、東京地裁管轄で確認されているものだけでも、下記を含め、10件以上の訴訟が行われている。その一部を紹介しよう。

①被告・宋文洲氏（経済評論家）

ツイッターでの投稿をめぐって（請求額・計２０００万円）

一審　2015年3月　原告請求棄却
二審　2015年8月　原告控訴棄却
最高裁　2016年3月　原告敗訴確定

②被告・折本和司氏（弁護士）
ブログ記事をめぐって（請求額・計2000万円）
一審　2015年1月　原告請求棄却
二審　2015年6月　原告控訴棄却
最高裁　2016年2月　原告敗訴確定

③被告・澤藤統一郎氏（弁護士）
ブログ記事をめぐって（請求額・計6000万円〈当初は2000万円〉）
一審　2015年9月　原告請求棄却
二審　2016年1月　原告控訴棄却
最高裁　2016年10月　原告敗訴確定

DHCシアターはニュース女子以外にも数多くの右翼的番組の制作を手がけている。その多くはスポンサーである吉田会長の意を汲むもので、日本賛美と歴史修正主義、そしてネットにあるデマの拡散を行っている。一方の当事者からの「情報」のみによって番組を構成するという、報道機関の資質を問われる問題点も共通している。

制作会社ボーイズが制作している主な番組には、TOKYO MXの「ニュース女子」と、読売テレビ（関西地方局）の「そこまで言って委員会」があるが、「そこまで言って委員会」は出演者に右派論客を揃え、社会的構造的弱者を笑い者にし、「南京虐殺はなかった」などの歴史修正主義発言を堂々と繰り返すプロパガンダ番組だ。視聴率は高いがスポンサーはついていない。スポンサーがつかなくても放送を流したいという、なんらかの意向を受けての番組なのだと考えざるを得ない。

TOKYO MXは、全国放送のない唯一の東京ローカル局として1995年に開局した。もともとは24時間ニュース専門の局だった。当初のコンセプトは、小型の撮影機材を携えた報道記者がビデオジャーナリズムとして単身で各地を取材し報道するというものだったが、その後、局内の問題による報道・営業能力の低下により番組制作力もスポンサーも失い、社外からの持ち込み番組に頼らざるを得なくなった。

持ち込み番組を提供する有力企業の一つが株式会社DHCで、TOKYO MXの売上の15％を占める大スポンサーとなっている。このため、DHCの局に対する発言力は強大である。TOKYO MXはDHCが他のメディアに広告を出す際の代理店にもなっているため、放送で流す広告収入以外での売り上げが大きいという。

TOKYO MXにとっては、自社の売り上げを支える企業が作った番組が厳しく批判されている一方で企業側がその内容を正当化していることが、問題の解決を困難にしているのだろう。本来、持ち込み番組についてはテレビ局側が内容審査を行い、当該テレビ局の責任において放映するはずだが、「ニュース女子」はほとんどノーチェックで放送されている。

番組放送後も、BPO(放送倫理・番組向上機構)による審議入りの時点でも、多くの視聴者からの抗議に対して、現時点(10月12日)までTOKYO MXからの正式回答がないのは異常だ。TOKYO MXに問題を解決する当事者能力があるかどうか、甚だ疑問だと言わざるをえない。仮にTOKYO MXがDHCに対して、番組内容に放送倫理違反や人権侵害があったとして謝罪や訂正を勧めたとしても、同社が受け入れることはないと思われる。

そう考えると、真っ当な経営者なら、ヘイト番組を流すテレビ局というイメージが固定化しても当該スポンサー企業との関係を続けるのか、公平・公正というテレビ局倫理に忠実であることを選択するのかを問われていることに気がつくだろう。

四　あれから

同番組の放送によって、私の日常生活は破壊された。この番組に煽られた極右団体、ヘイト団体、さらには匿名の差別者から、さまざまな嫌がらせや脅迫が来るようになり、それは現在も継続している。

具体的な例としては、ヘイトデモで私の顔写真がパネルとして掲げられる、国家の敵として名前を何度もコールされる、「辛淑玉氏ら在日朝鮮人による反米・反日工作を糾弾する国民集会」が開かれる、月刊誌に「辛淑玉の正体」と題された記事が掲載される、などだ。また、それらをネタにしたネットやSNSでのデマ・ヘイトの拡散、「国に帰れ」といった内容のメールや手紙、自宅前での待ち伏せや深夜の呼び鈴、見知らぬ人から駅で「消えろ」と言われたり親指を下に向けた仕草をされる、注文もしていない商品と請求書が届く、クライアント先への抗議電話、私の講演会場に押し寄せての不穏当発言や襲撃予告。すでに警察にも被害届を出している。

見知らぬ人による性的嫌がらせは、これらとどう関連しているのか立証が難しいためここでは敢えて記さないが、その一つ一つが日常の生活を困難にしている。

平穏な日常は、今も戻ってきていない。今も、歩いていて「この人はレイシストではないか」と目が合うだけで動悸を覚える、講演会の日の朝起きられなくなる、人と話すことに恐怖を感じる、睡眠導入剤を飲んでも眠れない、感情の起伏をコントロールできない、物忘れや疲労感、駅から15分程度の自宅にたどり着けないなど、多大な精神的身体的苦痛の中にある。

この原稿一つとっても、自分が受けた被害に向き合って書くというのは、言葉にならないほどしんどい作業だった。

日本における最大のエスニック・マイノリティである在日コリアン（旧植民地朝鮮の出身者およびその子孫）が、戦後72年経った今も市民権すら与えられず、日本社会から厳しい差別と排斥の対象とされていることは、数多くの国際機関や人権団体が従来から指摘してきた。特に近年、日本の極右団体の多くが在日コリアンを標的にして街頭行動やインターネットによる激しいヘイト・スピーチを繰り広げている。その中心に位置する「在特会」は、ナチスの旗を掲げてヘイト・スピーチを行い、ナチズムの人種主義をヘイト・スピーチ正当化の根拠としている極右団体だ。彼らの活動は多数のヘイト・クライムへと展開し、被害が拡大しているにもかかわらず、日本社会では十分な対策がとられていない。

在日コリアンへのヘイト感情の拡大は、より深刻な状況を呈しつつある。それらヘイト・スピーチの温床となっているのは主にインターネットだが、TOKYO MXの「ニュース女子」は、地上波番組として流すことでフェイクニュースにお墨付きを与えた。「ニュース女子」は、メディアミックスの頂点としてネットのヘイト勢力と連動し、人々の心根に潜む憎悪を釣り上げたのだ。

そこで生贄にされたのが、私、辛淑玉だ。

番組での「名指し」の過程では、既存メディアの倫理規範に適合させるため明確な人権侵害にあたるような表現は巧妙に避けられるか、曖昧な形でなされる。そのためいつも、その表現が差別やヘイト・スピーチに当たるかどうかという、グレーゾーン問題にされてしまう。

しかし、注意すべきは、メディアによる「名指し」の過程で既に、ヘイトグループの憎悪を誘発する「感情の釣り針」が仕込まれていることだ。

その典型が「外国勢力の関与や策謀」をほのめかす表現である。このような「感情の釣り針」が、敵とされた人々に対する憎悪感情剥き出しの攻撃をインターネットで急激に拡散させる起爆剤となり、さらには現実の脅迫や人権侵害行為を引き起こすのだ。

彼らは、この番組以外にも多くの排外主義的番組の制作を手がけており、その制作意図の中に、在日コリアンである私に対する排外的な見解を持っていたことは容易に推測できる。そして、私（韓国籍を持つ在日コリアン）の存在が、沖縄の反基地運動への「外国勢力の関与」をほのめかす「感情の釣り針」として使われた。

いま私ができることは、日本社会の良心を信じ、可能な限り精神状態を保ち、「ヘイトはダメなんだ」と向き合い続けること以外にない。在日の女性として日本で一番叩かれている私が闘わなければ誰が闘えるのだろうかと、自問自答しながら今日も生きている。

《註》２０１７年12月14日、放送倫理検証委員会（ＢＰＯ）が以下の意見書を出した。（なお、本書３００頁、註35参照）

「放送倫理検証委員会 委員会決定 第27号 『ニュース女子』沖縄基地問題の特集に関する意見

放送倫理検証委員会は、「東京メトロポリタンテレビジョン（ＴＯＫＹＯ ＭＸ）『ニュース女子』が２０１７年１月２日に放送した沖縄基地問題の特集を審議してきたが、このたび委員会決定第27号として意見書をまとめ公表した。当該番組はＴＯＫＹＯ ＭＸが制作に関与していない〝持ち込み番組〟のため、放送責任のあるＴＯＫＹＯ ＭＸが番組を適正に考査したかどうかを中心に審議した。委員会は、⑴抗議活動を行う側に対する取材の欠如を問題としなかった、⑵「救急車を止めた」との放送内容の裏付けを制作会社に確認しなかった、⑶「日当」という表現の裏付けの確認をしなかった、⑷「基地の外の」とのスーパーを放置した、⑸侮蔑的表現のチェックを怠った、⑹完パケでの考査を行わなかった、の6点を挙げ、ＴＯＫＹＯ ＭＸの考査が適正に行われたとは言えないと指摘した。そして、複数の放送倫理上の問題が含まれた番組を、適正な考査を行うことなく放送した点において、ＴＯＫＹＯ ＭＸには重大な放送倫理違反があったと判断した。」

＊ＢＰＯ意見書全文掲載サイト

https://www.bpo.gr.jp/wordpress/wp-content/themes/codex/pdf/kensyo/determination/2017/27/dec/0.pdf

《関連資料》『ニュース女子』主な出演者プロフィール

▽長谷川幸洋（東京新聞※論説委員）:リベラルな新聞社内の右派として有名な人物で、安倍政権のブレーンの一人。番組でも、「高江の工事に反対する人たちは、本当に沖縄の人なの？ かなりの部分は外人部隊と言われている」という持論を展開してい

る。番組放送後、論説副主幹から論説委員に降格された。
※東京新聞は、プレジデント社の２０１６年度の調査によれば、日本のマスコミの中で信頼度ランキングが１位（２位を大きく引き離して）となった新聞社。
▽井上和彦（軍事ジャーナリスト）：「軍事ジャーナリスト」を名乗ってはいるが、実際には軍事関連企業・双日エアロスペースの正社員。産経新聞の常連執筆者で、極右放送局「チャンネル桜※」にもレギュラー出演している。
※「日本文化チャンネル桜」は、日本の極右の広報番組を制作・配信する企業。国防の為に日本国憲法を改正すべき（軍隊を持ち、核武装すべき）と主張している。旧大日本帝国の戦争を正当化する歴史修正主義に基く番組構成が主流。南京大虐殺を否定し、在日米軍基地は必要、中国と韓国は「反日」とする敵対表現が多く、基地反対派は中国や韓国から司令を受けているという妄想を抱いている。フェミニズムやＬＧＢＴの権利については否定的で、街宣活動も行う。日本の英字紙（ジャパンタイムズ）や国外のメディアからは、「Rightwing」「Revisionist」の放送局と位置づけられている。
▽武田邦彦（中部大学特任教授）：環境問題や有害化学物質問題などで発言し、ＴＶにもよく出演しているポピュラーな科学者。日本の侵略戦争及び南京虐殺を否定する論者の一人。
▽須田慎一郎（経済ジャーナリスト）：テレビ等にもよく出演しているジャーナリストで、右派論客の一人。根拠のないデマを流してたびたび問題となっている。安倍首相の親しい仲間の一人。
▽上念司（経済評論家）：チャンネル桜を始めとする右派テレビの常連コメンテーターで右派論客の一人。中国が沖縄に工作員を送り込んで米軍を妨害していると主張し、オスプレイに反対する人が中国の問題に抗議をしないと「スパイ」と決めつ

けている。安倍政権に批判的なジャーナリストを攻撃する言論弾圧のための新聞全面広告の呼びかけ人としても知られている。

▽岸博幸（元経済産業省官僚・慶応大学大学院教授）：小泉政権下で竹中平蔵総務大臣（日本最大の人材派遣会社パソナグループ会長）の秘書官となり、格差助長政策を推進。新自由主義者ともいわれ、安保法制賛成の論陣を張っている。

▽手登根安則（沖縄の極右活動家）：沖縄の米軍基地反対運動を批判する文脈で、中国や韓国・朝鮮に対する憎悪を煽る発言や事実無根のデマの流布を繰り返している。チャンネル桜や日本会議等にも近しい人物。

▽依田啓示（沖縄に移住した右翼実業家）：高江基地反対運動中の男女二人に暴行（2016/09/17）。その後も一貫して「基地反対派は過激派」「ドクターヘリを止めた」「救急車を止めた」といったデマを流し続けている。現在は傷害容疑で起訴されている。

▽我那覇真子（沖縄の極右活動家）：チャンネル桜のキャスターを努め、基地反対運動は中国人・韓国人に牛耳られているというデマを繰り返している。在日朝鮮人が沖縄問題で声を上げることに対して、なぜ韓国人が沖縄問題に口をだすのかと非難するヘイト集会も開催した。

▽西田昌司（自民党参議院議員・日本会議）：「国民に主権があるのはおかしい」などと発言している極右政治家。帝国憲法復活論者。日本のネオナチであるＮＳＪＡＰ（国家社会主義日本労働者党）関係者とのツーショット写真などでも話題になった。（ＮＳＪＡＰは、ナチ党に似た国家社会主義思想や反ユダヤ主義を掲げ、ホロコースト否定や外国人労働者の排斥などを訴えている。）

9　差別とヘイトに抗して――人種差別撤廃委員会への訴え

朴金優綺

一　在日朝鮮人4世の訴え

「私の外曽祖父は、日本の植民地支配期に朝鮮半島から日本に強制連行され、炭鉱で強制労働を強いられました。その後は『日本』兵としてニューギニア戦線に送られ、その地で命を絶ちました。私は、この事実を9歳のときに祖父から聞きました。祖父は、子どもたちの生活を支えるために幼いころから働き、学校にも通うことができませんでした。そのため、80歳になる今でも朝鮮語をあまり話すことができず、読み書きもできません。

私は朝鮮学校に通ったおかげで、祖父が習えなかった朝鮮語を学ぶことができました。日本で生まれ育っても、在日朝鮮人として自らの言葉や文化、歴史、アイデンティティーを学び、同じルーツを持った仲間と出会える場が朝鮮学校なのです。そのような在日朝鮮人のための民族教育の場である朝鮮学校に通う生徒たちへの民族差別は許されません。私は、もうこれ以上朝鮮学校に通う後輩たちに悲しい思いはさせたくありません」

２０１４年８月、国連・人種差別撤廃委員会の委員らとＮＧＯ（非政府機関）とのミーティングの場で、「高校無償化」制度（後述）から除外され続けたまま朝鮮高校を卒業した在日朝鮮人の大学生が発言した内容の一部である。

日本の帝国主義及び植民地主義が在日朝鮮人の生を４世代にわたって踏みつけにしてきた／いることが、委員らにひしと伝わった瞬間であった。

筆者は、日本政府による在日朝鮮人に対する差別問題の中でも喫緊の課題である朝鮮学校差別問題について国際社会に訴えるため、上記の発言を行った在日朝鮮人大学生及び朝鮮学校の保護者と共に、２０１４年８月、スイス・ジュネーブにて国連・人種差別撤廃委員会へのロビー活動を行った。

また「人種差別撤廃ＮＧＯネットワーク」[1]のメンバーらと協働し、在日朝鮮人を主な標的としたヘイト・スピーチ／ヘイト・クライム問題、日本軍性奴隷問題などについても同委員会への情報提供を行った。

本稿では紙幅の関係上、朝鮮学校差別問題を中心としながら、同委員会に向けたロビー活動及び同委員会から日本政府に対して出された勧告の内容とその意義について述べたいと思う[2]。

二　「上」からの差別と「下」からの差別

1　「上」からの差別――「高校無償化」制度からの朝鮮学校除外と補助金停止

在日朝鮮人は現在、日本において「上」からの差別と「下」からの差別にさらされている。「上」からの差別とはすなわち、日本政府による「高校無償化」（以下、「無償化」）制度からの朝鮮学校除外及び地方自治体による朝鮮学校への補助金停止という公的な差別である。[3]

「無償化」除外問題について詳しくは金東鶴稿（本書114頁以下）に譲るが、同制度は、教育費の負担軽減により高等学校段階の子どもたちすべてに教育を受ける機会を与えることを目的としたものであり、各種学校認可を受けた外国人学校もその対象とした。にもかかわらず、2010年2月に中井洽拉致問題担当大臣（当時）が同制度からの朝鮮学校除外を文部科学大臣に要請したことを皮切りに、数々の日本政府側による政治的暴挙を経て、とうとう安倍第二次政権は2013年2月、朝鮮学校の審査基準を削除する内容で省令を「改正」する横暴まで働き、「拉致問題の進展がないこと」[4]などを理由に完全なる朝鮮学校除外を断行した。

こうした政府主導の朝鮮学校差別に倣う形で、東京都（石原慎太郎知事〔当時〕）、大阪府（橋下徹知事［当時］）、埼玉県（上田清司知事）は2010年度の朝鮮学校への補助金支給を停止した。(5) その後、2011〜2016年度にかけて宮城・千葉・神奈川・広島・山口・新潟・茨城・栃木・和歌山・三重の各県も朝鮮学校への補助金支給を停止し、大阪・水戸・福岡・広島・仙台・横浜・福生などの各市まで補助金支給を停止する事態に至った。(6) このうち茨城・栃木・和歌山・三重の四県は、地方自治体による朝鮮学校補助金の「公益性」や「教育振興上の効果」に関する検討、住民への情報提供実施などを求めた文部科学省による「通知」（2016年3月29日付）発出後に補助金を停止しており、同「通知」が事実上の補助金停止圧力となったことがわかる。

地方自治体による朝鮮学校への補助金は、一般の公立学校や私立学校に対するそれと比べて著しく少ない額ではあるものの、日本政府の国庫助成が皆無である朝鮮学校運営の貴重な財源となってきた。そのため、補助金が停止された朝鮮学校では、教材費負担が新たに生じたり、授業料の値上げがされたりする状況が起きており、朝鮮学校に子どもを通わせることが叶わない家庭が少なくない。

こうして、日本政府と地方自治体など「上」からの民族差別に基づく経済的圧迫により、朝鮮学校の存続は文字通り危機に瀕している。

2 「下」からの差別——朝鮮学校児童・生徒へのヘイト・スピーチ／ヘイト・クライム

日本政府や地方自治体が白昼堂々と朝鮮学校を差別することは、市井の人々に朝鮮学校への偏見をまとわせ、「下」からの差別と暴力を扇動する抜群の効果を発揮する。近年、民間レベルにおける朝鮮学校への差別事件としてまず想起されるのは、２００９年12月に起きた京都朝鮮第一初級学校襲撃事件であろう。

その団体名からして歴史修正主義的である「在日特権を許さない市民の会」（在特会）や「主権回復を目指す会」のメンバーら11名が、京都朝鮮第一初級学校（小学校に相当）の生徒がいる時間帯を狙い、同校校門前でスピーカーを通じて「スパイの子どもやないか」「密入国の子孫」「こんなん学校やない」「お前らウンコ食っとけ、半島帰って」「人間と朝鮮人では約束は成立しません」「不逞鮮人」などの罵詈雑言を吐き続けるなどして、学校の児童や保護者、教員らなどに計り知れない被害を与えた事件である。このとき、警察は現場に居合わせながらも事態を傍観し、襲撃者らを見守ることで被害を深刻化させた。また、この排外主義者らはその後も2度にわたって同学校への襲撃を繰り返した。

被害を受けた児童らの中には、同事件を受けて夜尿や夜泣きが再発したり、廃品回収車の発するスピーカー音に怯えて体が硬直したり、事件から数年経った後になって、排水の音が怖くて一人でトイレに行けなくなるなどのＰＴＳＤ（心的外傷後ストレス傷害）被害がみられるという。また、当時の生徒から保護者に対してよく発せられた質問は「朝鮮人って悪いことなん？」「朝鮮学校ってあかんのん？」「オンマ（お母さん）、私ら何か悪いことしてるの？」「私らなんで日本に住んでんの？」だった。朝鮮学校に通うからこそ大切に育まれてきたはずの在日朝鮮人としての自尊感情と自己イメージが、朝鮮学校を標的に行われた襲撃によって毀損されたのである。(7)

こうした排外主義者らがやがて東京・新大久保や大阪・鶴橋などの在日朝鮮人集住地区へも出向き、殺害予告を含む、聞くに堪えない差別と暴力の扇動を行い、現在でもそのようなヘイトデモや街宣が根絶されていないことは周知の通りである。

三　差別とヘイトに抗して——国連・人種差別撤廃委員会への訴え

1　国際人権機関を活用した抵抗運動のこれまで

朝鮮学校に対して向けられるこのような差別と暴力に対し、在日朝鮮人らは不断に抵抗してきた。先述した京都朝鮮学校襲撃事件に抗し、想像を絶する苦悩や葛藤の中でも、朝鮮学校保護者・弁護団・朝鮮学校支援者が三位一体となりたたかった損害賠償請求訴訟の過程で、朝鮮学校が「在日朝鮮人の民族教育を行う利益を有する」（2014年7月8日大阪高裁判決）と認定され、同訴訟が日本における民族教育権保障の萌芽をもはらんだ歴史的な勝訴となったことは知られているだろう。(8) さらには現在、朝鮮学校及び朝鮮学校卒業生が原告となって各地で闘っている「無償化」裁判に関して、大阪地裁が日本政府による朝鮮学校除外を「違法」で「無効」とする判断を示した（2017年7月28日大阪地裁判決）ことも、マスメディアなどを通じて大きく報じられた。

ここでは、具体的な内容があまり知られることのないと思われる、国際人権機関を活用した在日朝鮮人による抵抗運動を中心に述べたい。

1980〜2000年代にかけて頻発したチマ・チョゴリ事件(9)や、他の外国人学校に比べ寄付金税制上で朝鮮学校の取扱いが差別を受けている問題、各種学校認可を受けている外国人学校のうち朝鮮高校の卒業資格のみが日本の大学受験資格として一律認定されない問題など、1990年代末から現在にかけて、朝鮮学校の保護者や教職員、在日本朝鮮人人権協会の会員をはじめとする多くの在日朝鮮人が、朝鮮学校差別問題を中心として国際人権機関への精力的な働きかけを行ってきた。(10)

前述した「無償化」制度からの朝鮮学校除外及び地方自治体による補助金停止問題以降、朝鮮学校の保護者、「無償化」制度から除外された当事者である在日朝鮮人学生は、国連・子どもの権利委員会、社会権規約委員会、自由権規約委員会、人種差別撤廃委員会などの各国際人権機関に対し、日本政府が差別を一刻も早く是正するよう、審査が行われるスイス・ジュネーブにまで赴き、委員らに対して必死の訴えを行った。冒頭に紹介した在日朝鮮人学生の発言もその過程でなされたものである。

2013年4月に行われた国連・社会権規約委員会による日本政府報告書審査の場では、韓国の委員が、「無償化」制度は教育に対する平等の権利を保障するものであり、朝鮮高校の生徒と拉致問題との間には何の関係もなく、生徒らを排除する理由にはならないと鋭く指摘し、日本政府の措置は日本で生まれ育った子どもたちの教育の権利を奪うことになると厳しく追求した。

日本政府はこれに対し、拉致問題や朝鮮学校と朝鮮総聯の関係などを指摘しながら「国民の税金をそのような学校に対して支給することは国民の理解を得られない」などと抗弁した。

しかし同委員会は審査を経た総括所見の中で、朝鮮学校の「無償化」制度除外を「差別である」と明確に指摘し、同制度が「朝鮮学校に通う子どもたちにも適用されることを確保する」ことを日本政府に強く求めた。(11)

2 国連・人種差別撤廃委員会による第3回日本政府報告書審査

(1) NGOミーティングでの問題提起、委員へのロビー活動

前述したように、筆者は「無償化」制度から除外された当事者である在日朝鮮人学生及び朝鮮学校の保護者と共に、2014年8月、スイス・ジュネーブにて国連・人種差別撤廃委員会へのロビー活動を行った。委員らとのNGOミーティングでは、本稿冒頭で紹介した在日朝鮮人学生に続いて、朝鮮学校の保護者が発言した。保護者は、地方自治体による朝鮮学校への補助金停止によって、朝鮮学校で民族教育を受けさせたくても経済的理由によりやむなく子どもを日本の学校に送る親もいること、自分自身も高い授業料を支払いながら子どもを朝鮮学校へ送り続けられるか不安だと語った。そして「無償化」制度からの朝鮮学校除外と地方自治体による補助金停止は、日本の植民地支配を原因として日本に在住する在日朝鮮人の民族教育への弾圧であり、人種差別を生じさせる政府のいかなる法令も改正・廃止・無効にするために効果的な措置を取ると定めた人種差別撤廃条約第2条、教育権の平等を定めた同条約第5条に違反すると訴えた。こうした報告は委員の関心を引き、一人の委員が「朝鮮学校についての報告に関する追加情報をほしい」と発言した。これに対して、筆者が「無償化」裁判の当時の状況などについて報告を行った。

審査直前に行われたNGO主催での委員らとのミーティングでは、前述した排外主義者らによる京都朝鮮第一初級学校襲撃事件や朝鮮大学校襲撃事件(12)、また街頭での排外的差別街宣の様子がわかる映像を約5分間上映した。委員らは、映像を見て大変驚いた様子で、在日朝鮮人や朝鮮学校に関する質問を次々に発した。うち一人の委員は「朝鮮学校が除外されている『無償化』制度について改めて聞きたい」と発言し、筆者が情報提供を行った。このような活動の他、朝鮮大学校の学生らが作成した朝鮮学校を紹介するパンフレットなどを手渡しながら、委員らに精力的に問題提起を行った。

(2)「無償化」除外は「差別の問題」——委員からの質問と日本政府代表団の回答

人種差別撤廃委員会による第3回日本政府報告書審査は2014年8月20〜21日に行われた。日本政府代表団による報告が行われた後、全18名の委員のうち6名の委員が「無償化」・補助金問題について言及した。「朝鮮学校は政府による支援を受けられていない。日本政府が朝鮮学校の教育を支援する方法を探るように」「他の学校—中華学校やアメリカンスクール—と同じカテゴリーに無く、朝鮮学校だけが別扱いされているように見える」「朝鮮学校が補助されていない。この差別的取扱いの根拠は何なのか?」といったものが主な委員発言であった。

これに対して、日本政府代表団の一員で文部科学省大臣官房国際課調査係長の森祐介氏は「朝鮮学校の『高校無償化』にかかる不指定処分は差別にあたらない」「朝鮮学校は朝鮮総連と密接な関係にあり、また朝鮮総連は北朝鮮と密接な関係にあると認識しており、教育内容、人事、財政にその影響が及んでいる」「今後、朝鮮学校が都道府県知事の認可を受けて、学校教育法第一条に定める高校になるか、または北朝鮮との国交が回復すれば、現行制度で審査の対象となりえる」「学校教育法第一条に定める高校や、すでに指定を受けている外国人学校には、現に多くの在日朝鮮人・在日韓国人が学び、本制度による支援を受けており、国籍を理由とした差別にはあたらない」「朝鮮学校に対する補助金については、地方自治体の独自の判断により行われているものであり、国として保障することは考えていない」などと回答した。

これに対して一人の委員がさらに追及したが、文部科学省・森氏は上述の回答を繰り返したうえで「特定の民族について差別を行っているということではない」「各種学校という区分があるが、すべての朝鮮学校は他の外国人学校と同様に各種学校としての認可を受けている」と回答した。

各種学校である外国人学校の中で朝鮮学校のみが「無償化」適用を受けていない問題について、複数の委員から質問が出されているのにもかかわらず、文部科学省の回答は委員からの質問をはぐらかし、予め用意された内容を繰り返すことに終始した。こうした日本政府の不誠実な回答に対して委員らは不満を表明していた。審査も終わりに近づこうとする頃、モーリシャス選出の委員は日本政府の姿勢を批判したうえで「無償化」問題について再度言及し、以下のように「これは差別の問題」であると厳しく質した。

「一人の職員から、審査を経て朝鮮学校が基準を満たさなかったと聞きました。その基準とは何なのでしょうか？　それらの学校が朝鮮民主主義人民共和国に近いということでしょうか？

しかし、委員から出されている基本的な質問は、これは差別の問題ではないのか、ということです。人種主義の、人権の問題ではないでしょうか？　最終的に誰が被害を受けるのでしょうか？　それは朝鮮学校に通う生徒たちです。私たちはそのような観点から、差別が存在すると言っているのです。

政治的な理由や他の理由が色々とあるでしょう。しかし私たちにとって基本的な問題でありながら、私たちがこの問題にこだわっているのは、これが差別という人権侵害の問題であると私たちが感じているからなのです」

こうしたやりとりを経て、同委員会による日本政府報告書審査は終了した。

(3) 人種差別撤廃委員会による勧告とその意義

審査終了から約一週間後の2014年8月29日、人種差別撤廃委員会は日本政府に対する総括所見を公表した。うち「朝鮮学校」という項目名のついたパラグラフ19では、以下のような懸念および勧告が表明された。

朝鮮学校

19. 委員会は、在日朝鮮人の子どもたちの下記を含む教育権を妨げる法規定および政府の行為について懸念する。

（a）「高校授業料就学支援金」制度からの朝鮮学校の除外

（b）朝鮮学校へ支給される地方自治体の補助金の凍結または継続的な削減（第2条および第5条）

市民でない者に対する差別に関する一般的勧告30（2004年）を想起し、委員会は、締約国が教育機会の提供において差別がないこと、締約国の領域内に居住する子どもが学校への入学において障壁に直面しないことを確保するという、前回の総括所見パラグラフ22に含まれた勧告を繰り返す。

委員会は、締約国がその見解を修正し、適切に、朝鮮学校が「高校授業料就学支援金」制度の恩恵を受けることができること及び、地方自治体に対して、朝鮮学校への補助金の支給を再開しまたは維持するよう促すことを締約国に奨励する。委員会は、締約国が国連教育科学文化機関（ユネスコ）の教育差別禁止条約（1960年）への加入を検討するよう勧告する。(13)

今回、人種差別撤廃委員会から表明された勧告の意義は何よりも、日本政府による「無償化」制度からの朝鮮学校除外および地方自治体による朝鮮学校への補助金停止が、国際人権法上の「人種差別」であることが明らかにされたことである。「差別にはあたらない」と恥ずかしげもなく強弁した日本政府の主張は同委員会により一蹴された。日本が締結した国際人権条約は日本では国内法よりも上位の効力を持つため、「無償化」制度から朝鮮学校を除外した日本政府や、朝鮮学校への補助金を停止した地方自治体の法令上の措置は無効になると解釈されるべきである。

また、同委員会が日本政府に対して「その見解を修正し、適切に」朝鮮学校に「無償化」制度を適用することを勧告している点も注目される。同委員会は、今回の審査で日本政府が強弁した「無償化」制度の朝鮮学校への適用方法——「一条校」化もしくは日本と朝鮮民主主義人民共和国の国交回復——というものを、「適切」な朝鮮学校生徒への「無償化」適用ではないとはっきり表明したのである。

日本の検定教科書の使用を強いられ、日本人を育成することを目的とする「一条校」化や、高校生の力が及びようのない朝鮮民主主義人民共和国との外交関係を理由とした「無償化」制度の不適用は、生徒らの教育権侵害であることは誰の目にも明白である。これまで他の外国人学校には「各種学校」の地位のままで「無償化」制度が適用されてきたのであり、日本と国交のない台湾系の中華学校にも適用された。日本政府の朝鮮学校についての主張は単なる屁理屈であり、だからこそ明らかな「差別」なのだ。

同委員会は地方自治体による補助金問題の是正を求める勧告も出したが、補助金問題に関する是正勧告は初めてのものだ。日本の地方自治体も国際人権条約を誠実に順守する義務があるため、この勧告に従って朝鮮学校への補助金支給を再開または維持しなければならない。

紙幅の都合上すべてを引用できないが、同総括所見ではパラグラフ11「ヘイト・スピーチとヘイト・クライム」において、とりわけ在日朝鮮人を標的とするヘイト・スピーチの蔓延への懸念が表明され、日本政府がインターネットを含めたヘイト・スピーチ問題に適切に取り組むことが勧告された。

全体で31項目ある勧告のうち、同委員会が「特に重要な勧告」と指摘した4つの勧告に、上記の朝鮮学校に関する勧告及びヘイト・スピーチ／ヘイト・クライム問題に関する勧告が含まれた。

これはとりもなおさず、在日朝鮮人及び朝鮮学校への「上」と「下」からの差別と暴力が、日本の人種差別問題にとっての切迫した解決課題であるという同委員会の認識の表明であろう。

日本政府が同勧告に従って朝鮮学校差別をやめ、ヘイト・スピーチ／ヘイト・クライムを含む人種差別の明確な禁止を含む法制定を行わない限り、次回（第4回、2018年8月予定）の日本政府報告書審査の場でも、同委員会は在日朝鮮人及び朝鮮学校への差別問題について取り上げるだろう。

四　植民地主義の克服をめざして

前述した人種差別撤廃委員会による総括所見発表後、日本のマスメディアはこぞってヘイト・スピーチ問題の是正勧告について報道した。一方、日本政府や地方自治体による朝鮮学校差別問題など[14]の是正勧告については、ほぼ報道しなかった。

「無償化」制度から朝鮮学校を除外した張本人である下村博文文部科学大臣（当時）は、同総括所見におけるヘイト・スピーチ問題について質問を受けると「人々に不安感や嫌悪感を与えるだけでなく、差別意識を生じさせることにもつながりかねず、大変遺憾」と発言する一方、朝鮮学校差別問題については「差別に当たらない」と臆面もなく発言した。[15]

メディアや為政者のこうした態度に顕著なように、本来は一体のものとして在日朝鮮人への差別を構成する日本政府などによる「上」からの差別と、民間レベルの排外主義者などによる「下」からの差別が、まるで別物のように切り離され、前者が「差別」であるという認識が確立されない日本社会の現状は、「差別認識の二重基準」がまかり通っていると言うべき状態であり、これは決して見過ごされてはならない。

前述した同委員会によるヘイト・スピーチ問題に関する是正勧告では、日本政府が「人種主義的ヘイト・スピーチの根本的原因に取り組」むことも求められた。

ここで指摘されている「根本的原因」こそ、植民地主義に根ざした日本政府による在日朝鮮人差別政策であり、これはまた朝鮮民主主義人民共和国への敵視政策と不可分である。

こうした構造を見ずして差別現象の一部分だけに注目し問題視することは、在日朝鮮人への差別根絶のためには不十分であるばかりか、国家権力による在日朝鮮人差別を社会全体として黙過・容認・支持することになってしまうのではないだろうか。

日本の在日朝鮮人差別政策の矛先が常に真っ先に向かう場である朝鮮学校への差別と暴力に断固反対し、抵抗する声を、一人でも多く上げることがいつになく求められている。

＊本稿は、拙稿「朝鮮学校差別に抗して」(『アリラン通信』55号、２０１５年)に加筆・修正を加えたものである。

注

（1）マイノリティ当事者団体・個人を中心とした、人種主義・人種差別・植民地主義の撤廃に取り組む、団体・個人の参加も得て形成される恒常的なネットワーク。2005年結成。

（2）本稿では詳述できないが、朝鮮学校の成り立ちや概要、卒業生や保護者の思いについては、『朝鮮学校物語』日本版編集委員会編『朝鮮学校物語――あなたのとなりの「もうひとつの学校」』（花伝社、2015年）を参考にしていただきたい。

（3）「公立高等学校に係る授業料の不徴収及び高等学校等就学支援金の支給に関する法律」（2014年4月以降「高等学校等就学支援金の支給に関する法律」）に基づく制度。

（4）2012年12月28日、下村文部科学大臣の発言。www.mext.go.jp/b_menu/daijin/detail/1329446.htm（2017年11月8日閲覧）。

（5）大阪府は、2010年度は高級部への補助金支給を停止し、2011年度からは初・中級部への補助金も停止した。

（6）神奈川県は、従来の経常費補助に代わって外国人学校の児童・生徒を対象に授業料を支援する学費補助制度を2014年4月より導入した。しかし朝鮮学校に対してのみ、教科書への拉致問題の記述、その教科書を使った授業実施という条件をつけ、補助金支給を停止していた。2014年12月、神奈川県は朝鮮学校側が作成した副教材及び授業の実施をみて2014年度以降の補助金支給を決定したが、2016年度より再び、拉致問題を表記した教科書への改訂を条件として、補助金支給を停止した。

（7）詳しくは中村一成『ルポ　京都朝鮮学校襲撃事件』（岩波書店、2014年）、同「ヘイト・スピーチとその被害」金尚均編『へイト・スピーチの法的研究』（法律文化社、2014年）を参照。
（8）中村一成前掲書、金尚均・板垣竜太・鄭栄桓・李春熙による報告・討議記録「現代日本の排外主義にどう立ち向かうか―ヘイト・スピーチ、歴史修正主義、民族教育を考える」（在日本朝鮮人人権協会『人権と生活』40号、2015年）など参照。
（9）主に朝鮮民主主義人民共和国へのメディアによるバッシングをきっかけとして、朝鮮学校女子生徒のチマ・チョゴリ制服や手がカッターで切られるなどの暴行事件が発生した。初級部の学生もランドセルを切られるなどの被害を受けた。1980年代の事件について、朝鮮時報取材班『狙われるチマチョゴリ――逆国際化に病む日本――』（拓植書房、1990年）が詳しい。梁英聖『日本型ヘイト・スピーチとは何か』（影書房、2016年）の第3章4「チマチョゴリ事件（1980年代～2000年代前半）」も参照。
（10）宋恵淑「人権協会のこれまでの国際人権条約委員会への取組を振り返って～朝鮮学校と児童・生徒たちへの差別問題を中心に～」（在日本朝鮮人人権協会『人権と生活』38号、2014年）を参照。
（11）宋恵淑「『高校無償化』制度からの朝鮮学校除外、これは差別である―国連・社会権規約委員会が『高校無償化からの朝鮮学校はずしにNO！』」（在日本朝鮮人人権協会『人権と生活』36号、2013年）を参照。
（12）「在特会」の桜井誠前会長をはじめとする排外主義者らは、2008～2011年にかけて3度にわたり、東京・小平市にある朝鮮大学校の校門前で殺害予告を含む差別暴力扇動を繰り返した。これらの事件について、当時の朝鮮大学校学生2名が法務省に被害申告を行った結果、2015年12月、法務省が同事件を人権侵害にあたると認定し、桜井誠前会長に対して同様の行為を行わないよう勧告した。

（13）人種差別撤廃ＮＧＯネットワーク訳。委員会によって最終的に確定された9月26日付の総括所見から抜粋（8月29日に公表されたのは先行未編集版）。委員会による総括所見最終確定版の日本語訳全文は、在日本朝鮮人人権協会のウェブサイトから閲覧可。http://k-jinken.net/?p=360

（14）紙幅上詳述できないが、同総括所見では在日朝鮮人高齢者・障害者の無年金問題についても是正勧告が出された。また審査の場では、関東大震災時の朝鮮人虐殺問題についても触れられたことが注目される。反差別国際運動日本委員会編『レイシズム　ヘイト・スピーチと闘う――２０１４年人種差別撤廃委員会の日本審査とＮＧＯの取り組み―』（解放出版社、２０１５年）の「人種差別撤廃委員会日本政府報告審査審議録」を参照。

（15）２０１４年９月26日、下村博文文部科学大臣記者会見での発言。http://www.mext.go.jp/b_menu/daijin/detail/1352139.htm（２０１７年９月13日閲覧）。

四　アイヌに対する差別とヘイト

10　差別に抗するアイヌ民族の思い

結城幸司

「生き抜くために」なのか
苛立ちと違和感が纏うべき
我が人生となるんだろうか

過去に出会った二人の青年が居た、その違和感と戦っていた
二人同時に出会ったわけではないが、彼らの違和感の持ち方に世代の違いを感じながらも同じ荷物を持っているなと感じていた
それぞれの父親は、アーティストと運動家の顔を持つ人
そして一番差別的な時代、貧困の時代を青春期に抱えた人物であった、一人は貧困だった故に経済にこだわりもありながらも行政に恫喝をしたり、ある時はそれを経済に変えたりと強い存在と言えたのかも知れない、ある意味生き抜くために多少ダーティな部分を持っていた、ウタリ《仲間》想いでもあるので両刃の刃かも知れない

生き抜く、差別者が与えられた傷口は、純粋さばかりを生まないのは、理解できるが家族には、
どう映るのか私には理解できるようなできないような
これも現代アイヌの側面でもある
そしてその青年は、その父親を好きで居たのは間違いないが多分その青年の世代の周りでは、違う嵐が吹き、彼を世代に吹く違う差別の風が新たに吹いたのだろうな
でも彼なりに戦い彼の人格を作って行ったのかも知れない
だが彼の父親は、自分の戦ってきたやり方を与えようとしたのかも知れない
でも彼はアートで越えようとしていたのかも知れないと今は感じている
とてもセンスは良かった
現代的なセンスでは、あったがアートの好きな私には見えてくる戦いも作品に込められていて、
その葛藤をもっと評価してあげれば良かった
夜中に電話が来て、何度も本音で話をした、泣きながら語る彼にアイヌと家族と社会の違和感に
その繊細さを自分の中のものと似通うものを感じたりもした

もう一人の青年は
親はアーティストだった

木彫りだが独特のタッチで
熊の木彫りが売れた北海道観光ブームを得、更に個性を進化させた世代のアーティストだった、
だが酒に弱い側面も持っていた
先の若者の父親もこのアーティストも壮絶な差別的社会に子ども時代を置いている
研究者は、個人のステイタスの為に彼らの歯を抜いて研究したとも聞く
墓を暴き骨や埋葬物を持っていくなど人としての道から逸れていてそれでアイヌ研究者などと名乗りながら
私たちを「滅び行く民族」とタイトルした本なども出したりしていた
私も幼少の頃、祖母の話を聞きに来る学者たちの姿を見ている
しかし社会はアイヌに対する関心を低いものとし
教育の中でもアイヌの歴史は語られず、明治時代に政策としてとられた旧土人保護法という保護法と銘打ちながら文化を破壊する法律の元に徐々に無理に私たちを国民化していったのだ
この徐々にというのが人を歪めたのかも知れない
考えてみれば、開拓の時にやって来た人々も自由だったわけではない、自由を求めてやって来た人もいたのであろうが身分的な縛りを絡めていたわけで新天地とやって来た北海道に国が名を付けた旧土人が居るのだから差別は生まれるだろう

そしてその影響は長く長く続いて行くのだ
二つの大戦を経て今の時代は作られた
だが大戦の前に国民は、色を強制され右側に傾くのは歴史が語る、逆らうことは非国民であるならば
やはり生き抜くために変化はせざるを得ない
だが先祖から伝わる生き方を失い、社会から差別の壁を立てられた人間は酒に逃げてしまったりする
上の世代の開拓何代めかの人間にこう言われたことがあった
「アイヌなんて働かないで酒飲んでばかりいたぞ」と
この野郎とカチンと来たが
思い当たる節もある、私の子ども時代は少なくなかったような気もするのだ
文化破壊、大戦を越えて
尚も無理解な社会、差別的な視点に耐えながら現代に繋がったと今は理解できるが
渦中にいたらそんな余裕はないはずだ
ある人間は、アイヌを離れ、アイヌから逃げるように生き抜くのかも知れない
だが壮絶な体験は心を破壊する、そのケアは歴史はいまだにされていないように感じる

話を戻すが
腕の良かった青年の父親も
家庭を壊し、酒に溺れていった、青年はアーティストとして尊敬する側面もあったが
子どもとして父親を軽蔑していたのだ
彼は様々なアイヌに師事しながらも落胆し東京に向かった

それも理解できたのだ
私の父親は、アイヌ解放運動家で激しく闘いを挑んだひとりのアイヌ
幼少の頃、そんな父親は、家庭を壊してまでもウタリの為に戦った
今は最も尊敬すべきアイヌであるが青年時代は恨んでいたかも知れないな
私は、歪みながらも何とか生き抜きアイヌという文化に敬意を置けている
自然を神とし、人間の営みをそこから考えることができるから哲学となりつつある
なくならない人間の差別　その儚さも俯瞰し考えることもできるのだが
二人の青年は生きてその儚さを抜いて行く事はできなかった
もっと話してやれば良かったのか、私には説得力や完全なる人間力が無かったと今は考えている
悔しいね

新宿でヘイト・スピーチの行われてる映像を見た
哀れで悲しい人間の性をむき出しになんの躊躇も持たず
化け物の如く人間でなくなる瞬間を見ている気になった
言葉は人を殺すし
人を生かす
その心の岐路に立ち
殺すほうを選ぶと言うのならば戦争をしないこの国の価値観も危うく破壊の道を歩んでいるので
はないだろうか
ある人間がフォーラムで語っていた「これは被差別者が闘う問題点ではなく私たちマジョリテイ
がヘイトスピーカーに教えるべき問題点だ」と語っていたのを聞いて
救いはあると思った
私たちもアイヌの世界を変えなくてはいけない
誇りたかいその精神力を先人から学びそして現代に組み直さなければならない
葛藤する青年たちが前を向いた時に希望を持てる
そんな文化を生き抜けるように

11　アイヌ人骨帰還問題をめぐる「コタンの会」の報告

清水裕二

報告その1「尊厳あるアイヌ人骨帰還のために～御遺骨の帰還を迎えて～」

はじめに

　北海道大学がアイヌの墓地を暴き持ち去って約85年余となる。持ち去られた尊い先祖の御遺骨を取り戻そうと遺族の数名は「アイヌの遺骨は、コタンの土へ返せ」と北海道大学を相手に２０１２年に提訴した。しかし、提訴した原告は超高齢にいたり、裁判の継続は難しくなった。そして苦渋の選択で和解協議へ移行し、２０１６年3月25日に合意し和解協議は成立しアイヌの遺骨は、画期的な返還を司法的に決定した。しかし、返還を受けるべき対象は誰なのか。そこで受け皿問題が浮上し日高在住のアイヌによって急遽設立したのが御遺骨返還を受けるための『コタンの会』（２０１５年12年20日）である。

　しかしながら御遺骨の返還を受ける事になる「コタンの会」として再埋葬とは？　未知の事である。尊厳ある受け入れ・再埋葬とは、遺骨にとっても故郷にとっても故郷の最愛の土に帰還する事である。「コタンの会」としては、創造的そして前進的に慎重な工夫を凝らす必要があった。

1 なぜアイヌ人骨を集めたのか……歴史上は？

19世紀に西欧で始まる「比較人類学」や「形質人類学」という学問から研究者は世界中からあらゆる民族の頭蓋骨を集めて計測した。頭蓋骨の形や大きさにより性格や能力が判明すると考え、多くの民族の頭蓋骨を調査する事で「進化」のプロセスが明らかになるものと試みられた。アイヌは、欧米人に容姿が類似している「東洋における民族の孤島説」によって注目された。

明治時代になり、日本の研究者もアイヌの頭蓋骨を研究し、その試料を収集した。アイヌの目を避け、あるいは強引公然と盗掘した。

北海道帝国大学においては、１９３０年代から全道他50ヶ所以上から合計１０００体以上の頭蓋骨を収集した。全国12大学の研究者たちも、研究試料として現在１６３６体もの人骨を集め、研究し論文を発表している。その研究の一環と思われるが、私も少年期に頭部の計測・調査され資料化された記憶がある。さらに血液も採取され調査資料化された。日本の近代化の過程でアイヌは、常に調査研究の対象であった。昨今は「文化人類学」が、調査研究範囲を拡大している実感である。

2 北大に話し合いを求めて……

2012年2月17日、原告J氏およびO氏両人は、対話を求め北大へ出向いた。ところが北大当局は頑丈なガードマンを玄関に配置し面会阻止する体制だった。予め面談要請の文書を郵送し依頼しているにもかかわらず、強固な立ち入り拒否を午前10時からおよそ5時間にわたり、雪交じりの寒風すさぶ天候に耐えながらの高齢な両氏の面談希望は受け入れる事なく時間ばかりが経過した。そして、改めて面談要請文書を辛うじて手渡すのみだった。しかしながら数ヶ月経過しても面談の受け入れの返事も回答もなかった。北大との懇談も拒否されて、御遺骨の返還帰還・返還を実現させるために議論を深めた。

3 返還を求め提訴へ……

北大との話し合いも閉ざされて約6ケ月、3人の遺族は札幌地方裁判所に「遺骨の返還」を求めて提訴した。2012年9月から約10回に及ぶ裁判による審議が行われた。

しかし、事態は進展しなかった。更に原告は超高齢であり裁判継続にも支障が生じつつあった。裁判所の呼びかけに応じて3人は状況判断により和解協議に応ずることになった。そして、およそ約1年間に及ぶ和解協議は続けられ、2016年3月25日に和解協議は成立。日本政府や北大側の方針とは違う、歴史的、画期的なそして超法規的に遺骨返還は実現した。日本国の民法では、「家」の子孫のみが遺骨の所有者である。しかし、アイヌの場合は、〝コタン〟という集団が所有者と考える。裁判所は、「コタンに代わる」集団への返還を認める和解勧告を提示した。つまり、和解協議では受け皿問題が浮上し、急遽設立したのが日高のアイヌを中心とする「コタンの会」である。

4 尊厳ある御遺骨の返還を……

ところでそもそもアイヌ人骨を返還とは？　返還に至る原因要因とは何か？　など……「コタンの会」は、御遺骨返還の歴史的事実を学習・検証し「返還に至る原因」は何であったのかを議論した。そして学者・研究者らによって〝研究資料のため盗掘〟がされたという事を、「コタンの会」一同で確認。その確認の上で返還を受けるにあたり次のように返還理念を確認して取り組んだ。

〈1〉北大（国）及び学者研究者の、心ある高い倫理観による謝罪を要求する。
〈2〉私たちアイヌは、自らの意思で返還を受け真心を以て慰霊（アイヌ風習）する。
〈3〉歴史的な貴重な事業は事実であり、国内外に情報発信を積極的に行う。

を返還事業としての理念を確認し合いました。

これは単に「コタンの会」の約束だけでなく国内外にも当「コタンの会」の考え方を理解と共感を求め訴える。そして昨年帰還を受けた御遺骨は12体であり、具体的な返還事業は3日間にわたり実行された。1日目は北大納骨堂から遠路を急ぎ浦河町杵臼墓地の故郷に帰還した事を労う儀式〈カムイノミ〉からの返還事業でした。翌2日目はおよそ85年余に渡り、不条理な環境にとどめ置いた事へのお詫びする儀式を行い、3日目は、再埋葬〈カムイノミ〉を実行し、安らかに永眠願う供養〈イチャルパ〉を行った。

おわりに

私たちの先祖の御遺骨の再埋葬は、滞りなく無事終了された。しかしながら、御先祖様に無礼なく本当に無事に終わったのか？　なぜなら私たち「コタンの会」にとっても初めての大事業であり、アイヌにとって何が正しい風習なのか？　どう行うべきであったのか？　不確定で不明なままの実践だった。しかし、創造的かつ工夫を重ね前進的に努力する取り組みの連続であったが常に緊張しながらも、冷静で神聖な心情であることを心掛け、真摯な気持ちで実践した。

今日では、心情的な安堵感からか睡眠時の悪夢をみることは、ほとんどなくなった。この事からも、効果的な再埋葬事業を実行出来たのではないかと考える。素敵な実践であったと実感している。

しかし、さらに残る課題は大きく、北大のみならず全国の12各大学には、１６３７体に及ぶ御遺骨が残されたままとなっていてその帰還問題は今後の極めて大きい課題となっている。

報告その2「新ひだか町のアイヌ人骨帰還のために～新たに御遺骨返還提訴報告～」

はじめに

北海道大学が研究目的として発掘し持ち去ったアイヌの遺骨返還を求め、２０１７年10月19日札幌地方裁判所に提訴した。原告は「コタンの会」であり、被告は北海道大学である。北海道大学には北海道日高管内新ひだか町（旧静内町）で発掘された１９３体の返還を求めるものであり、新ひだか町には再埋葬のための墓地の提供を求めるものである。私たちが遺骨返還訴訟において自治体を対象とするのは異例なことである。また、一度に求める返還遺骨数は今回が最多である。

発掘の経緯

今回の提訴で返還を求める遺骨は、１９５６年静内駅前墓地改装に伴って静内町（当時）が北海道大学に依頼して発掘した１６１体と１９７２年に静内町豊畑共同墓地の改葬に伴って発掘した32体である。駅前墓地は1956年7月18日静内町駅前墓地廃止・墓地改葬に伴って、静内町が北大医学部に依頼し発掘し北大はそのまま持ち去ったものである。つまり墓地改葬の対象とせず移送したものである。

1956年から1957年にかけて静内町都市計画に基づき駅前墓地を静内駒場共同墓地に和人墓地とともに改装されるはずであった。しかし、1956年8月から10月にかけてアイヌ墓地遺骨だけは北大に移葬した。

作業は、静内町、北海道大学医学部第二解剖教室（責任者：児玉佐久左右衛門教授）であり、日高郷土史研究ケパウの会及び静内高等学校郷土史クラブの4団体が実行した。人骨の学術的調査は、北海道大学医学部が対応した。注目したいのは「高校生のクラブ活動に人骨採掘作業」が行われたことである。このクラブの顧問教師は、在学中であった私の日本史の担当教師であり恩師でもある。しかしこの教師の通常の授業を受けた記憶がない。この教師の担当したすべての時間が人骨発掘や遺跡調査に費やされていたのではないかとさえ思う。私は駅前墓地の発掘作業を、二度ほど確認のため見学したことがある。北大が作成した「北海道医学部アイヌ人骨収蔵経緯に関する調査報告書」には、上記部分（静内町史）を引用しながら「1956年北海道静内郡静内町において、9月26日より10月5日の10日間に160余のアイヌ骨格を発掘することができた。しかも、骨格は試料である」と記載されている。さらに「和人墓地の改葬は809件？　で、アイヌ墓地の改葬は皆無である」と記載されている。つまり静内町の駅前墓地改葬事業に伴って北大によって発掘されたアイヌ遺骨は、「改葬事業」とは名ばかりであり発掘後、北大の研究室に持ち去られたということである。

新ひだか町（旧静内町）は駅前アイヌ墓地改修事業により、和人の遺骨については新たに建設した、新駒場共同墓地に移葬し改葬したにもかかわらずアイヌ人骨は新駒場共同墓地に移葬することなく北海道大学に引き渡したことになる。

また北海道大学医学部の調査報告では、静内町の豊畑共同墓地の改装事業について「静内町は1972年に豊畑共同墓地に移転改葬した」と記録されている。さらに「われわれ（北海道大学医学部）は、昭和31年（1956年）以来日高、静内町内の3ヶ所の旧墓地（静内駅前、川合、豊畑）から発掘した」そして「医学部収蔵庫アイヌ人骨の照合調査によって、アイヌ人骨堂内の四肢骨箱3箱の中に豊畑発掘のアイヌ人頭蓋骨が32体存在することが判明した」とあり「1972年も『静内出張記録』は、豊畑共同墓地改葬が1972年であること、頭蓋骨に付随していた紙片（ラベル）に記載されている『1972年7月調査』と符合しております。墓地改葬に際して、解剖学第一講座が1972年7月16日~7月24日にアイヌ人骨を発掘・収蔵した証左である」と記載されている。

これら北海道大学の調査報告から豊畑共同墓地からの32体は、静内町が1972年に行った豊畑墓地改葬事業に「伴って北大が発掘」しそのまま北大が持ち去り所持するアイヌ人骨に間違いないものと考えられる。

北海道大学及び新ひだか町（旧静内町）の改葬義務

墓地・埋葬に関する法律（法律48号）を調べてみると「『改葬』とは、一度埋葬した死体を他の墳墓へ移し……」つまり「改葬」とは、埋葬した死体を掘り出したら他の墳墓へ直ちに移葬しなければならない。そして改葬によって新たな埋葬地は、墓地以外の地域に埋葬してはならない。ゆえに墓地でもない北大研究室に「移葬」されることはありえない。

埋葬法に従えば、北海道大学、静内町の墓地改葬事業は静内駅前墓地・豊畑共同墓地に関しても新たな墓地へ移葬し再埋葬する義務があった。しかし、持ち去り・引き渡したままにして61余年間も、アイヌの人間としての尊厳や人権を否定する対応で今日に至っている。また明らかになってきたことは、研究に供する頭蓋骨のみ持ち去り他は「残骨」という対応で無縁仏扱いとして慰霊碑を立てて埋葬した。仮に「無縁故」としても掘り出したすべてのアイヌ遺骨を改葬先の墓地に埋葬すべきだろう。。

12 「サイレント・アイヌ」と自己決定権のゆくえ

石原真衣

一　はじめに——自己決定権の主体は誰か

近年、アイヌ民族[1]に関する社会的認知は飛躍的に改善された。私の曾祖母が生きた20世紀初頭には、アイヌ語を母語とし、伝統的家屋であるチセに住み、唇の回りに刺青を施した曾祖母がコタンを出て、子どもたちが住む隣町へ行くだけでも、和人の子どもから石を投げられ、「あ、イヌがきた！」とからかわれるようなことがあった。差別的な眼差しの下で自死を遂げたアイヌの存在について、私はこれまで何度も聴いたことがある。差別がなくなり、多文化共生が実現したと断言することはできないが、メディアが好意的にアイヌを取り上げ、北海道庁でアイヌの歌や踊りが鳴り響く現代にあって、少なくとも外を歩くだけで石を投げられるような曾祖母が生きた時代は終わりを迎えたように思う。

しかし、私自身が最近までそうであったように、北海道および北海道外には、アイヌの出自について公の場で積極的には明らかにしない「サイレント・アイヌ」[2]が多く存在している。社会的認知に改善のみられる現在において、なぜこれらの人々が沈黙するのかという問題が可視化されたことはこれまでにない。沈黙する現状について「アイヌであることを否定している」(『平成25年北海道アイヌ生活実態調査報告書』)と分析されることがあるが、私や家族の経験を鑑みればそれは正しいとはいえない。自己の存在について自分たちの声を上げたくとも上げられない状況――あるいは上げても黙殺される状況――が、明治政府が「蝦夷地」を「北海道」として日本に組み込んで以来、150年かけて積み重ねられてきたのである。

言うまでもなく、多数派の論理によって生存しなければならない少数派にとって、特に自己決定権は重要である。インド女性でありながら、上位カーストをもち現在はコロンビア大学で教鞭をとるエリート知識人として、自国内のサバルタン(3)の現状について考察を深めてきたガヤトリ・スピヴァクは、民主主義のあり方を「建設的な自己批判による言論の自由の制約」と提示する。さらに「サバルタンにとって民主主義は恐ろしい」と語るスピヴァクの脳裏に浮かぶのは、市民意識を奪われ、階級や数の論理の力学の前で黙するしかないむき出しの生の人々である(スピヴァク2014:45~46)。スピヴァクが正しく示す通り、自己の利益を守ることが優先されるような民主主義においては、少数派の権利回復あるいは獲得は不利であり、多数派との交渉によって自己の運命が決定される少数派には自己決定権が絶対的に必要である。

アイヌ民族の現状を踏まえ、自己決定権について考えるための前提として考慮すべきことは、自己決定権の主体――つまり誰が具体的に自己決定権を行使するのか――という問題である。多くのアイヌ出自の人間が沈黙している現状で、集団としてのアイヌ民族をどのように考えるかという点について、今、慎重な議論が求められている。『平成25年北海道アイヌ生活実態調査報告書』によると、アイヌ人口は16786人とされるが、私や家族・親戚のような「サイレント・アイヌ」の数はその数倍以上にのぼるだろう。自己の出自について黙している人々について、「アイヌであることが嫌なのだからしょうがない」と一蹴することはできない。確かに、被差別体験や、多数派社会における不寛容が要因となり、自己の出自を否定的に考え、沈黙する人々に対して、何かを強要することは善意や正義のためであっても暴力にほかならない。しかしこのような「サイレント・アイヌ」の人々の中には、自己の過去を相対化し、現状をふまえ、未来についての議論を志向する人々が多くいることを、私は経験的に知っている。問題は、これらの人々が互いに出会い、集い、自己決定のための議論をする場が不在であるという点である。

コタンで暮らした私の曽祖母にとって、突如編入された日本社会において生存することは常に困難であり続けたが、少なくともコタンではアイヌがアイヌと共に伝統的な暮らしの中で暮らす様子が日常であった。時代が下り、同族の血を――ひるがえっては自己の血を――否定し混血を繰り返し、被差別集団の一員としてではなく、「普通の日本人」としてアイヌ出自の人間が生きることが現代では可能となった。しかし、その代償としてアイヌの出自をもつ人間同士が共に生きることが難しくなった。自己の出自について、不自然な形で沈黙し、痛みを抱えたまま生き、死んでいく状況を「サイレント・アイヌ」は生きている。われわれは、〈今〉、〈この場所〉で、どのようにしてこのような人々の痛みや、さまざまな非対称性の下で不可視になっている側面を想像し、いかに生の改善へ向けて包括的な議論をすることができるのだろうか。本章では、少数派の自己決定権という問題を、不可視になっている領域から射程してみることを試みる。そこに浮かび上がるのは、近道ではないが、近視眼的な対処で新たなサバルタンが生まれることを回避しながら、具体的な解決を模索するための道筋である。

二　北海道におけるポストコロニアル状況

1　「アイヌ」の不在

私はこれまで、「サイレント・アイヌ」として、非アイヌ系日本人[4]あるいは外国人がいかにアイヌについて語るのか、アイヌに対してどのようなイメージを持ち、いかにふるまうのかについて密かに人々を眼差してきた。

そこには、「自分はアイヌの血を引いている」ということを言い出せないような社会的空気のためにアイヌの出自を明らかにできなかったという要因がある。そして結果的に、アイヌの血を引いていることを母から教えられた12才のときからこれまで20年以上に渡り、私は多数派がアイヌに対してもつ意識を調査してきたことになる。

この経験により確信を持って言えることは、少なくとも札幌という都市空間においてアイヌの存在は前提とされていないということである。今まで非アイヌ系日本人である一般市民が、目の前にアイヌがいるかもしれないという前提を持って語ったり接したりしているのを見たことは一度もない。小学校の担任であった教員は、「昔アイヌの人と銭湯で一緒になったことがある。そのときにあまりに全身毛深くて、とても驚いた」という話を笑い話として授業で話していた。アイヌの血を引く私は、その話を聞いてとても悲しくなったが、誰もが笑いながら聴いている様子からは、教員も生徒もそのような私の心情に気がつく者は誰一人いなかったように感じる。

母の出身地である平取など、アイヌが多数いるとされる居住空間を除けば、特にアイヌや北海道の歴史、あるいは先住民の今日的状況に関心がない一般市民にとって、アイヌとは非日常的な存在である。私はいつも、カミングアウトをする際にその相手が驚くあまり絶句したり、「あなたがアイヌでも気にしないから大丈夫」と明らかにその本人が狼狽したりするような状況を目の当たりにしてきた。その様子は、市民にとっていかに現代の北海道における日常の中でアイヌが異質な存在であるかを物語っている。

2　いかに沈黙が生まれたか

アイヌの存在を前提としない社会的風潮はしかし、多数派である非アイヌ系日本人が一方的にアイヌを無視していることを意味しない。私がこれまで接してきた非アイヌ系日本人にとって、私がアイヌ出自の人間として出現することは、彼ら彼女らにとって唯一初めての経験である場合が多かった。近年では、博物館や教育の場においてアイヌ民族との出会いを経験する人々は少なくないし、アイヌ民族がメディアに登場することも多くなった。しかし、日常生活というありきたりな毎日の中で、ただ普通の人間としてアイヌが社会空間に存在することは簡単なことではない。このような背景によって、アイヌの不在が北海道における日常になってしまったのだろう。

重要なことは、アイヌ出自の人間が、北海道開拓使設置以降150年かけて消滅したということではなく、沈黙する人びとが増えたということである。北海道庁の調査によると、公式のアイヌ人口は16786人とされるが、それは行政が把握できる人数のみであり、アイヌの出自をもつ人びとの総数はその数倍以上ではないかといわれる。もしアイヌ出自の人間が10万人いるとすれば、北海道民の50人に1人はアイヌ出自であるといえるが、日常的に市民がアイヌと接することがないということは、ほとんどの人びとが沈黙しているといえる。なぜアイヌ出自の人間が沈黙するかという問題は、「差別や偏見を恐れている」という簡単な問題ではない。

私は昨年末、北海道大学大学院の研究論文Ⅱとして、「〈アイヌ〉への旅―沈黙の100年をめぐるオートエスノグラフィー」を執筆した。そこでは、現代を生きる私がいかに「サイレント・アイヌ」になったかについてその過程を歴史化し、家族間において継承されたものと継承されなかったものについて分析した。そこで明らかになったのは質を変えて継承され続けるアイヌの「痛み」である。北海道開拓――あるいは命名――の歴史のスタートをもって突如一方的に日本社会への編入を余儀なくされた曽祖母から、8歳のときに「和人」の農家へ奉公させられ腐ったご飯を食べながら労働し、自分たちの血を否定し自覚的に「和人」との結婚を望んだ祖母、自己の存在に葛藤した母から「サイレント・アイヌ」の私へと時代は変遷する中で、世代間継承されたものは、アイヌの痛みだった。

一方で、日本社会での生存をかけた戦略として、継承されなかったものはアイヌ文化やアイヌとしての経験である。家族や親戚間においてアイヌのことについて語りあうことは、100年間タブーであった。生きるための資源や社会的認知さえ得られない社会状況にあって、最優先されたのは生き抜くことであり、そのために障壁となるものは全て捨てざるを得ない状況があまりに長く続いたのである。私たちは、自分たちの存在について思考するための知識や文化、歴史の連続性を喪失し、沈黙せざるを得なかった。いうまでもなく、社会においてマイノリティであるアイヌへの理解や認識が浅い状況では、差別や偏見を恐れて出自を明らかにしないという傾向が生まれやすいだろう。しかし、「先住民との共生」というフレーズが日常的に喧伝されるような近年においてもなお、アイヌの出自を明らかにする人びとが少ないことの背景には、以上のようなアイヌの経験がある。

3　アイヌ文化の両義性

1997年に「アイヌ文化の振興並びにアイヌの伝統等に関する知識の普及及び啓発に関する法律（以下アイヌ文化振興法）」が施行されてから、アイヌの伝統文化という概念的資源は両義性を持ってアイヌの状況を拘束するようになった。一つは、伝統文化を復興することによってもたらされる誇りの回復や、民族的アイデンティティの強化であり、このことは、コミュニティ強化の基盤ともなった。その一方で、イメージを固定化された伝統文化と、それによってもたらされる民族イメージの明確化は、アイヌの出自を持つ人間にとって「自分はアイヌ民族ではない」という感覚をもたらしたことも重要な点である。アイヌ文化を伝承することがアイヌとして誇りを持っているとされるような現状では、生きるために文化の全てを抹消せざるを得なかったアイヌの苦しみやアイヌ文化への親和性を持つことができないジレンマが照らし出される余地はない。

「サイレント・アイヌ」が多数派日本人と同じではないという感覚を持ち、アイヌの出自を共有する人々との出会いを求めても、アイヌ文化を介さない集いの場を見つけることはほぼ不可能である。150年かけて奪われたのは、自己の歴史や記憶、文化に対する親和性であり、生存するために全てを捨て、自己の血を否定しドミナント社会へと同化をする中で、家族同士であってもアイヌのことに触れるのはタブーとなった。民族の紐帯を固定化された伝統文化のみに求めるのであれば、私のような「サイレント・アイヌ」がアイヌ社会へ参入することは困難である。アイヌ文化偏重の政策が「サイレント・アイヌ」を生み出した要因の一つだとすれば、アイヌ文化振興法の功罪について今後捉え直す必要性がある。このような状況を踏まえ、植民地主義的経験を射程し、回復のために必要なことは何かについて様々な立場から議論することが求められている。

三　奪われた声

1　「サイレント・アイヌ」と声

先住民問題としてアイヌの状況を鑑みるとき、それはしばしば文化復興や福祉状況について言及されることが多い。しかし、時としてそれ以上に重要なことは、アイヌにとって生きづらい社会を相対化するということではないだろうか。「サイレント・アイヌ」は、現在の北海道におけるポストコロニアル状況が最も反映された存在の一つである。確かに、アイヌの伝統文化をそのアイデンティティの核とする人びとにとって、文化伝承に関する議論は重要であろうし、経済的に困窮するアイヌ民族の現状を改善するための議論は必須である。しかし、アイヌの出自をもつ人々にとって植民地主義的過去からつらなる現在とはどのようなものか、さらに、生きづらさの根源とはなにか、住みよい社会空間とはどのようなものかということについての議論も同様に重要である。

サバルタンが語ることができない背景には、多数派あるいは知識人が聴く耳を持たないことが挙げられる。スピヴァクは、サバルタンに市民意識を回復させることをアクティビストとして行いながら、多数派に対して聴く耳を要請する。彼女の思考や思想と実践は、少数派が様々な問題を抱えるそれぞれの地域において応用可能なはずである。

2　アイヌの声は聴かれてきたか

これまで行政のみならず、アカデミズム、さらに市民の間においてもアイヌの声は聴かれてこなかった。それは多数派が、アイヌを差別的に無視するということのみならず、無関心という形の無視や、聴きたいことのみ聴く――つまり聴きたくないことは聴かない――という取捨選択の姿勢によってつくられた現実だった。聴く側の姿勢は、声を発する側の姿勢よりも重要である。なぜなら、聴くという行為には想像力が不可欠であるにもかかわらず、多くの場合多数派が少数派の世界を想像することには限界があるからである。

私の母石原イツ子が、1970年代に刊行に携わった新聞『アヌタリアイヌ――われら人間』について回想するとき、多数派がもつ想像力の限界という問題は、現実性を持って立ち現れる。母は決してアイヌが多数派と対等な人間とは扱われない時代にあって、多数派社会における非対称性への異議申し立てとして人間宣言をしようとした。

しかし、彼女のそのような行動は、「民族運動」として捉えられてしまう傾向がある。少数派の声は常に多数派によって、多数派の枠組みによって掬いあげられる可能性を秘めている。このことに十分に自覚的でなければ、声を聴くという行為は成立しない。多数派の聴く姿勢の欠如によって、声を発することの挫折を繰り返したアイヌは、社会の中で沈黙し透明な存在となった。

四　おわりに――自己決定権のゆくえを問う

1　痛みへの想像力

現在北海道では、「北海道命名150年事業」が進められている。「未来へつなぐ、みんなでつなぐ。2018年、北海道は命名150年」と太字で書かれた基本理念の項目には、「縄文文化やアイヌ文化をはじめとする本道独自の歴史や文化、国内外の誇る豊かな自然環境は、かけがえのない道民の精神的豊かさの源です」と述べられている（北海道150年事業公式サイトhttps://hokkaido150.jp/）。

「未来志向」と書かれる基本姿勢にはしかし、アイヌにとっての150年とはいかなるものであったのかについて十分に配慮されているかを読み取ることはできない。現代の風潮に沿って、ポジティブなメッセージを積極的に発信する姿勢には、アイヌが150年に渡り継承してきた痛みが含まれる余地がないような気さえする。「サイレント・アイヌ」は、風化される自己の存在に対する鈍い痛みを言語化する術をもたず、家族とその経験を語り合うことさえできず、社会の中でたった一人、痛みを抱えているサバルタンである。

海外の先住民の人々と出会うと、いつも「なぜアイヌは立ち上がらない」、「なぜアイヌは黙って容認しているのだ」と聞かれる。それは、同じ植民地主義的過去と現在という記憶を共有する同志からの温かい激励のメッセージであるとともに、自己決定権の行使に関して決定的に違いがある人々には、私たちが沈黙する背景と悲しみは伝わらないという事実でもある。私は、先進国における先住民の状況において、海外諸国とアイヌ民族の間にはあまりに大きな差があると思っている。その最大のものは、自己決定権であろう。

2 「語る声」と「聴く耳」を回復する

アイヌ民族が現在置かれている状況に不在であるのは、自分たちが求めるもの、あるいは現状を改善するために必要なものについて議論し、その上で自己決定権のあり方を問う「場」である。地域的な離散や、ドミナント社会への同化、文化や歴史の喪失などを経て、「サイレント・アイヌ」は互いに出会う場所を失い続けてきた。さらに、それぞれが沈黙し、家族の世代間における縦の分断と、そのことによってもたらされるアイヌ同士の横の分断が進む状況下では、自己の問題を相対化・歴史化し、その問題を改善するために思考することが極めて困難になったことはいうまでもない。

このような状況は、間違いなく植民地主義がもたらした所産であり、この回復が完了していない以上、アイヌはずっとポストコロニアル状況を生きている。しかし、この状況自体を可視化し、多数派がアイヌの声に聴く耳を持ち、痛みを伴う沈黙を少しでも改善することができれば、再びアイヌ同士が出会い、共に未来をつくるための議論をする場を創出し、未来を切り拓くための声を回復できるだろう。

その実現には、多数派社会が「サイレント・アイヌ」の存在や自己決定権の議論の場の不在という問題に対していかに想像力をもちうるかということが不可欠である。いかなる少数派の現実の改善も、多数派の承認なくして実現はせず、この意味において、想像力を持って声を聴くという多数派の品格が今問われている。

アヌタリアイヌ刊行会
　1973〜1976『アヌタリアイヌ―われら人間』第1号〜第19・20合併号。
スピヴァク、ガヤトリ
　1998『サバルタンは語ることができるか』上村忠男（訳）、みすず書房。
　2014『いくつもの声：ガヤトリ・C・スピヴァク日本講演集』星野俊也（編）、本橋哲也ほか（訳）、人文書院。
北海道環境生活部

2014『平成25年北海道アイヌ生活実態調査報告書』、北海道環境生活部・北海道150年事業公式サイト（https://hokkaido150.jp/）2017年9月30日閲覧

（1）本章では、アイヌの人々について様々な表現を使用している。分断状況があまりに長く続いた現在において、アイヌの帰属意識は多様で複雑である。当事者が明確に「アイヌ民族」であると自覚しない場合もあり、そのような状況を看過しないためにも「アイヌの出自をもつ人々」、「アイヌ出自」という表現を使用する場合がある。しかし、呼び名として一般的に使用されている用例の場合や、他の調査や研究からの引用などの場合は、「アイヌ」、「アイヌ民族」を使用する。

（2）アイヌの出自を明らかにしない人々を指す用語として「隠れアイヌ」という言葉がある。隠れているという表現には、当事者が自己の出自に対して否定的なイメージを持ち自己の選択によって出自を明らかにしないということが含意されている。しかし、正確には出自について沈黙せざるを得ない社会的要因があり、語りたくとも語れない状況を明確に示すために、アイヌの出自をもちながら沈黙している人々を指す用語として「サイレント・アイヌ」を提唱したい。

（3）サバルタンとは、アントニオ・グラムシが「軍隊用語として命令を受けるだけの兵士」の意味から、「国家や共同体から切り離された人々」を指すために使用した用語である。スピヴァクは、グラムシの用法を引き継ぎ発展させ、『サバルタンは語ることができるか』において、ポストコロニアル理論の重要な支柱となった声の非対称性という問題についてサバルタ

ンという概念を用いて提示した。

（4）通常、アイヌではない多数派日本人を指すために「和人」が使用される。しかし、アイヌと和人の混血が進む中で、その線引きは難しく、和人が具体的に誰を指すのかについてこれまで議論されたことはない。少なくとも私は、自己の存在をアイヌと和人の二つの出自に基づき捉えており、私にとって和人とは自分自身でもある。よって本章では、アイヌの出自を有しない多数派社会に属する日本人を指す場合に、非アイヌ系日本人という言葉を使用する。ただし、一般的言説として「和人」を使用する場合もある。

五　琉球に対する差別とヘイト

13　琉球／沖縄に対する差別に抗して

島袋　純

はじめに――差別発言は偶然のものではない

２０１６年10月18日、沖縄の辺野古や高江の米軍基地建設への反対運動において、現地に導入された大阪府警の機動隊員が市民に対して、「土人」と怒鳴りつける事件が起こった。翌日、さらに別の20代の大阪府警機動隊員が市民に対して「黙れ、こら、シナ人」と発言した[1]。

鶴保沖縄担当大臣（当時）は、「土人」発言については「大変残念な発言」であるとしたが、同時に自分はこの発言が間違っていると言う立場にはないとし、さらにこの差別発言は「ことさら我々がこれは人権問題だと考えることではない[2]」との見解を示した。また、11月8日の参院内閣委員会でも「『土人である』と言うことが差別であるとは個人的に断定できない」と述べ、「言論の自由はもちろんどなたにもある[3]」と擁護した。

内閣は、国会での質問に対して答弁書を閣議決定し、「本件発言を人権問題と捉えるかどうかについては、言われた側の感情に主軸を置いて判断すべきであり、（中略）鶴保国務大臣が謝罪し、国会での答弁を訂正する必要はないと考えている」と、言われた側の個人的な感情の問題であり、鶴保大臣の発言をまったく問題ないものと断定した。(4)

なぜそれが大きな問題なのであろうか。政府の暴力的装置、物理的強制力が「土人」という用語を用いて実力行使を行うことを政府が正当化することは、そのまま「他者」を実力行使によって排除していくことを正当化することにつながると考えるからである。他者の実力による排除の正当化、言い換えれば、戦争の正当化に直結するものと考えられる。

一　構造的沖縄差別の源泉と国際条約の発展

1　なぜ今再び「土人」なのか——序列化、差別と排除

現在の日本では差別的な言葉として放送禁止用語とされている「土人」は、北海道旧土人保護法によりよく知られているように、北海道を近代主権国家の領土として編入する際にこれまで「夷人」つまり外国人と見なしていたアイヌの人々に対して用いたものである。文明開化した日本に強制的に同化させるべき対象であり、劣った未開の人々であり、差別や弾圧を正当化する言葉として生み出されたものである。後述するようにその後、1879年の「琉球処分」と呼ばれ

た武力併合の際にも琉球人に対して「土人」が用いられた。もはや言い分を聞く必要性もなく未開である土人が悪であり、処分(処罰)すべき対象とすることが正しいという論理に基づいていた。

19世紀後半は西欧列強が、自らを優生人種として軍事力による略奪や虐殺による植民地の拡大と支配を正当化した時代である。それは後に「優生思想」として明らかにされていき、日本もまたその系譜につながる思想を背景に脱亜入欧をはかり、植民地帝国の道を歩んだ。民族や人種の間には優劣があって、優秀な日本民族が下等な劣った民族や人種を指導する、支配することを正当化する論理である。さらには、科学的な装いを伴って優生学やその系譜につながる学問(アイヌの人々や琉球人の人骨定則もそこにつながる)が構築されていった。

この思想が極端にまで権力の中枢を支配し、世界的な大戦に発展したのが第二次世界大戦だと言われている。優生思想は英米においても人種主義の根源であったが、ナチスドイツや日本ファシズムにおいてはさらにそれが徹底されていく。障害者や少数派に対しては、差別や排除、さらには組織的な殺害を正当化する役割を担った[5]。

どのようにしてこの殺害は正当化されるのだろうか。「人」は簡単に「人」を殺すことができない。しかし、同じ「人」ではない、言い分など聞く必要のない、人権などない、劣悪で未開の劣った存在と刷り込まれていけば、殺せるようになっていく。優秀な民族や多数派にとって都合よい支配を受けるべき存在であり、それに抗うようであれば脅威とされ加害者とされ物理的に排除されても当然とされる。こうして、構造的差別そして直接的暴力を権力が正当化した。多数の民衆もそれを用いて自己の暴力を正当化することによって、組織的に人が人を大量に抹殺していくことも可能となっていった。第二次世界大戦の死傷者の多くは、兵員ではなく一般人であり、このような思想が大国の武力行使の背景にあったことが大きな原因と考えられてきた。植民地帝国の正当化に用いられ、さらにはファシズムによって徹底化され、戦争の正当化に用いられた。

したがって、大戦の最中、連合国から出された大西洋憲章及び国連憲章は、まったく対極にある思想を採用していった。つまり、すべての人々の人権と同権（平等）を宣言し、さらにすべての人民の自決権とその同権を戦後世界秩序の基盤とすると宣言したのは、植民地帝国とファシズムによってより徹底された優生思想との決別を決意したからである。周知のごとく日本国憲法は、その流れの中で生まれた憲法と言ってよい。大西洋憲章、国連憲章が示した普遍的な人権思想と人民の自決権に基づいている。

2　人権の国際的な基準の発展

連合国は、大西洋憲章のもと人民の自決と政治的選択の自由を掲げ、労働条件の整備と恐怖や欠乏からの自由を戦争目的に掲げた。それを引き継いだ国際連合は、普遍的な人権が既存の国家を超えて存在するとし、その人権侵害や差別を解消していくことを設立目的とするという内容を持っていた。

国連憲章の第一条には

「2．人民の同権及び自決の原則の尊重に基礎をおく諸国間の友好関係を発展させること並びに世界平和を強化するために他の適当な措置をとること。

3．経済的、社会的、文化的または人道的性質を有する国際問題を解決することについて、並びに人種、性、言語または宗教による差別なくすべての者のために人権及び基本的自由を尊重するように助長奨励することについて、国際協力を達成すること」[6]とある。

諸人民が平等で同じ自決の権利（人民の自決権）をもつという思想を否定すること、そしてその否定が侵略をもたらし、差別や人権侵害をもたらすこと、すべての人々に人権が等しく保障されるべきだという思想を否定することが戦争に直結したということに対する深い反省の上に打ち出されたものだと一般に考えられている。

このような人権と自決権の思想を土台として、国連においては、1948年に世界人権宣言、1960年に植民地独立付与宣言が決議され、1965年にあらゆる形態の人種差別の撤廃に関する国際条約が成立し、66年には国際人権規約が結実した。

先に述べたように第二次大戦後の世界秩序の中で、そして国連では「人民の自決権」の概念が強化され拡大されていった。明治以降太平洋戦争に至るまで日本の植民地だった地域が人民の自決権に基づき国家として独立していった。戦勝国である英米でさえ血を流して日本軍から奪い占領した地域を植民地として継続して支配することは不可能となり、大戦以前からの植民地だった地域に対しても独立を承認していかざるを得なくなった。本来ならば、沖縄もその例外ではない。

二　琉球／沖縄の人権と自決権

1　琉球併合——自決権の剥奪と土地の権利の強奪

1372年に琉球中山王察渡が、明に朝貢して以来、1879年に日本に併合される前まで、琉球は明、続いて清との朝貢関係にあった。1609年以降は、さらにその朝貢貿易の利益を狙う薩摩の島津氏の一定の介入を受けるようになったが、独立国的な存在として朝貢体制を継続することこそがその利益の源泉であり、独立性を保つことができたと言われている。実際に、1854年に琉球はアメリカと琉米友好通商条約を結んでいるが、これは不平等条約としてほぼ似た内容の日米和親条約の一年後に締結したものである。たとえば逮捕権があるなど、日米条約と比べても琉球に有利な部分もある条約であり、後にフランスやオランダとも同様の条約を結んでいた(7)。

近年の日本政府答弁では、日米和親条約が締結できたのは、国際的約束を締結する主体であった故にとされているが(8)、和親条約締結時の日本がそうであるならば、琉球も当然同じような国際的な主体と主張できるはずである。

しかし、日本政府はそれを認めようとしない。アイヌの人々の生活空間であった北海道の広大な土地が国有林化されたが「琉球処分」によって、王府の統治権をはく奪した日本政府及びその出先機関である沖縄県庁は、同じような土地の剥奪を行った。

たとえば現在北部の膨大な土地が国有林とされているが、その多くはもともと琉球王国で厳格に管理された共有の土地であった。沖縄の自由民権運動は、この土地の国有化とその取り扱いに対する反対運動ではじまっている。歴史上、琉球は天皇の支配下にあったことはなく、天皇の土地でも天皇の民でもあったことも一度もない。つまり、「版籍奉還」や「王土王民」は、国有化の根拠になりえない(9)。したがって、沖縄の土地は、沖縄の人々が本来はその意思に基づいて保全活用する権利があるということになる。琉球併合は、その権利を軽視あるいは無視した日本による琉球／沖縄の植民地化と捉えられる。

共有地の国有化に先立ち、併合の際に琉球処分官松田道之は、「沖縄県士族一般ニ告諭ス」（1879年6月3日）として首里城明け渡しに際して、琉球士族を以下のように脅迫していた。
「子等ハ猶ホ悟ラズシテ旧態ヲ改メザルトキハ新県ニ於イテハ到底用ユルヲ得可ラサルモノトナシ百職皆ナ内地人ヲ取リ遂ニ此土人ハ一人ノ職ニ就クヲ得ル者ナクシテ自ラ社会ノ侮慢ヲ受ケ殆ド一般ト区別サルルコト恰モ亜米利加ノ土人北海道ノアイヌノ等ノ如キノ態ヲ為スニ至ルベシ(10)」

琉球人に自決権などあるわけがなく日本政府の要求の受け入れを拒否する劣った「土人」にはいっさいの権利も与えないという脅迫である。「アメリカの土人や北海道のアイヌ」を引き合いに出し、もはや言い分を聞く必要性もなく、処分（処罰）すべき対象とすることが正しいという論理である。実際にその後、多くの土地が琉球人の同意を完全に無視したまま国有化され、また琉球人の権利を無視した国策が強制された。

2　施政権分離――大和世からアメリカ世

太平洋戦争末期に、皇土をまもるために沖縄は捨て石とされ、本土決戦の準備のための時間稼ぎとして行われた沖縄戦がまだ終了しない段階で、日本政府はソ連を仲介にした和平交渉の提案のなかで、沖縄は死守すべき固有の領土ではないとして、放棄の対象とした。また、沖縄戦の戦火が開かれると同時に米軍は、日本の主権から切断し、直接米軍の軍政下におくことを宣言している。

日米双方から日本の固有の領土と考えられていなかった琉球／沖縄に対して、明治政府の武力による併合が合法的なものかどうか、ということになる。「条約法に関するウィーン条約」という国際法がある。国家間の条約の効力が規定されている。

（国の代表者に対する強制）

第51条　条約に拘束されることについての国の同意の表明は、当該国の代表者に対する行為又は脅迫による強制の結果行われたものである場合には、いかなる法的効果も有しない。

つまり19世紀中盤に遡って51条が国策慣習法としてすでに確立していたというならば、1879年以来の日本による琉球国の併合は、琉球国の自決権を奪うものであり、国際法的に無効である可能性が高い。

沖縄戦開始直後、米国が日本に代わり琉球／沖縄に軍命（ニミッツ布告）を発して統治権を確立したとして直接支配である軍政を布いているが、それも国際法の根拠がない。米国は先住の人々から土地を取り上げそれを合法化してきたことと同じ「征服の法理」に基づいて、沖縄の土地を獲得したとしている。沖縄の人々の先祖伝来の土地や、近代的所有権が設定されている農地や宅地を沖縄戦の最中あるいは戦後、武力を用いて強制接収した。征服の法理は、沖縄支配の根拠になりえず、ハーグ陸戦条約違反である。[11]

ニミッツ布告のみならずサンフランシスコ講和条約3条も、琉球/沖縄の同意がなく無効と考えられる。琉球/沖縄に自決権があるというならば、沖縄の人々が植民地状態から独立する意思を示した場合、これをみとめざるを得ない。

いっぽう、1947年9月には昭和天皇が占領軍の政治顧問であるW・J・シーボルトを通じて、マッカーサーに沖縄の占領継続を希望するメッセージを送っている。いわゆる「天皇メッセージ」と呼ばれるものである。

沖縄を日本の領土でありその主権下に属するものの、米国の望む期間、沖縄を米国に貸借するという提案であった。要約すれば以下の3点となる。[12]

（1）米国による琉球諸島の軍事占領の継続を望む。

（2）上記（1）の占領は、日本の主権を残したままで長期租借によるべき。

（3）上記（1）の手続は、米国と日本の二国間条約によるべき。

日本に潜在的主権を残す、としたのは日米両政府による合意だけで、中国、ソ連からの介入も、国連からの介入も、そして沖縄の人々の自決権の要求さえも遮断することができる、

米国にとって渡りに舟であったこの提案に基づいてサンフランシスコ講和条約の沖縄の施政

権分離が定められ日本の主権回復が図られた。講和条約第3条に沖縄の地位が次のように規定されている。

「日本国は、北緯二十九度以南の南西諸島（琉球諸島及び大東諸島を含む。）孀婦岩の南の南方諸島（小笠原群島、西之島及び火山列島を含む。）並びに沖の鳥島及び南鳥島を合衆国を唯一の施政権者とする信託統治制度の下におくこととする国際連合に対する合衆国のいかなる提案にも同意する。このような提案が行われ且つ可決されるまで、合衆国は、領水を含むこれらの諸島の領域及び住民に対して、行政、立法及び司法上の権力の全部及び一部を行使する権利を有するものとする。」

信託統治は、国際連盟の委任統治を引き継ぐ制度と言われ、敗戦国の植民地に対して戦勝国が将来的な独立を前提として国連により承認された施政権者となる制度である。歴史上同じ仕組みは国際連盟の元にも設けられており、たとえば日本が施政権を持っていた南洋諸島は、旧ドイツ植民地から日本の委任統治領となり、第二次大戦後は米国の信託統治領となったという経緯がある。国連のこの仕組みでは本国の一部が、信託統治領になることは想定されていない。つまり、いくら敗戦国とはいえ、明白に本国の一部、たとえば四国が信託統治領にされるということはありえない。つまり、沖縄はそういう扱いではないということである。こうして一人の国会議員も持たない沖縄が、サンフランシスコ講和条約の結果、アメリカの軍政下に置かれることに決められた。

当時は共産主義中国の建国、朝鮮戦争、あるいはソ連との冷戦という情勢の中で、アメリカの世界戦略には日本の基地が重要だった。日米安保のもと、日本の軍事基地を活用していたが、保守政権は保守なりに日本国憲法と安保条約の整合性に気を使わなければならなかった。安保条約のもとでは米軍が日本以外の軍事行動に国内基地を使用する場合（日本の基地からの作戦行動）は、日本政府への事前協議が必要だった。そこで、憲法も日米安保条約も適用されない沖縄へと日米両政府は、日本本土の基地や施設、部隊を沖縄に移設し基地を集中させた。つまり、沖縄の米軍基地は歴史的・政治的な差別構造によるものということができる。

3　沖縄返還の本質

１９６０年代、沖縄では復帰運動が激しくなった。70年安保を控え、日本本土の安保反対運動と連動して、日米安保体制が動揺する可能性を米国政府は危惧した。米国の沖縄の施政権行使に限界が生じ、施政権返還交渉が行なわれることとなる。しかし、この返還の取り決めを実際に実現したのは、沖縄にしか適用しない在沖米軍のための特別法の日本政府による乱造である。

沖縄返還協定は、日本政府は米国に対して、米軍が沖縄基地のほとんどを恒久的に自由使用とする約束であった。日本本土では受け入れられない基地を、沖縄にアメリカ軍が自由に使うことができる、半永久的な基地として押し付ける、沖縄に対しては戦後現在までこれは一貫している。それを日本政府が保障するということが返還協定の本質であり、その実現のため沖縄にだけ適用される法整備がなされた。これが構造的な差別の具現化であり、制度化ということができる。

とくに個人の土地や財産はハーグ陸戦条約に、占領軍といえども個人の自由や尊厳、私有財産を奪うことはできないとされているが、この条約を完全に無視して、勝手に土地を強奪したまま、さらにそれを日本政府が保障するということで沖縄返還協定が結ばれた。

土地強奪の法的根拠になっているのは現在、駐留軍用地特措法だが、復帰直後は「沖縄における公用地暫定使用法」であった。実質的に沖縄にしか適用されない法律で、それゆえ憲法95条にある「一の地方公共団体のみに適用される特別法は、法律の定めるところにより、その地方公共団体の住民の投票においてその過半数の同意を得なければ、国会は、これを制定することができない。」に違反している。

国連憲章違反、人種差別条約違反、ウィーン条約法条約違反、ハーグ陸戦条約違反、憲法違反であり、これだけ違法の上に、形式的に法律を制定して合法化しても、正当化するのは難しい。

日本政府は、十分なアメを沖縄の人々に与える用意をする。第一に、軍用地の土地代の値上げでありそれによって、地主が進んで自分の土地を軍用地として貸し出す契約を結んだ形にしていく。地縁血縁の濃い沖縄社会では一族や地域で多数の意見に従わない場合は、排除されてしまうという結果さえ起きる。身内での差別と分断が仕掛けられている。しかしこの契約に関しては、いくら軍用地料が値上げされようが、契約をしなければ不利益を被ると脅されようが、地縁血縁社会から排除されようが、軍用地として提供する契約は拒絶するという人も必ず出てくる。したがって、アメだけでは足らず強制使用を合法化するムチも同時にセットされる形になっている。

もうひとつは、沖縄振興開発特別措置法である。これは復帰に際して佐藤内閣で初代の沖縄開発庁長官になる山中貞則を中心に作られた法律である。その目玉は、「沖縄振興開発予算」で、2012年以降は約三千億円が組まれている。あたかも、沖縄だけに純増で三千億円まるまる増額して渡されているようにまことしやかに宣伝されている。しかしこれは元々、各省庁が持つ離島の支援や過疎地対策などの事業予算の沖縄分だけを最後に切り離して合算し看板を付けただけのものだ。それでもたしかに振興予算によって沖縄のインフラ、社会資本は整備された側面もある。ところがインフラ整備には、国の予算だけでは不可能であり、沖縄の県や市町村の負担もあり、文教予算や福祉、文化振興といった自治体独自の事業がその負担を作り出すため圧迫されてきた。沖縄振興策には、そういう負の側面もある。しかし現在では沖縄振興予算という特別な予算を付けてやっているのだから、特別の配慮、優遇であり差別や人権侵害ではないと、沖縄への過剰な基地の押し付けを日本政府が自己正当化するための看板として使われている側面がある。(13)

三　国際的な人権基準の適用

1　国連条約機関の勧告

沖縄では2006年以降の、国政、県政、及び名護市の主要選挙でことごとく普天間基地の県内移設反対を表明する候補が勝利してきた。現在の辺野古埋め立て案に賛成と公約して勝った候補者は誰もいないのだ。にもかかわらず、基地の県外国外移設は日本政府によって完全に無視されている。法の支配も民主主義もない。これに対し国連の人種差別撤廃委員会から、日本政府への最終見解（勧告）が2010年3月に出されている。

「委員会は、沖縄の独自性について当然払うべき認識に関する締約国（日本）の態度を遺憾に思うとともに、沖縄の人々が被っている根強い差別に懸念を表明する。沖縄における不均衡な軍事基地の集中が住民の経済的、社会的、文化的権利の享受を妨げているとする、人種主義・人種差別に関する特別報告者の分析をさらに繰り返し強調する。委員会は締約国に対し、沖縄の人びとが被っている差別を監視し、彼らの権利を推進し、適切な保護措置・保護政策を確立することを目的に、沖縄の人びとの代表と幅広い協議を行うよう奨励する」（21パラグラフ）[14]

これは人種差別撤廃条約が根拠となっているが、その基盤は世界人権宣言の第1条の人権の普遍性と平等性、第2条の差別の禁止と世界での普遍的な適用、及び人種差別撤廃条約、国際自由権規約第26条、法の前の平等・無差別、および第27条のマイノリティ保護にのっとった見解ということができる。

これに対して、日本政府は、人種差別撤廃条約1条を、「生物学的諸特徴を共有するとされている人々の集団、及び社会通念上、文化的諸特徴を共有するとされている人々の集団並びにこれらの集団に属する個人につき、これらの諸特徴を有していることに基づく差別を対象」としているが、沖縄に在住する人びとは、そのような特徴を共有していないので差別に該当しないという見解を示している。[15] しかし、「あらゆる形態に対する差別」という概念は、「集団」の定義を限定して、他と明確に区別される集団的なアイデンティティがあると立証されなければ成立しないものとは考えられない。沖縄の人々に対して明らかに差別がある、それが国連の人権諸機関の共通した認識である。

2 ヘイト・スピーチは許されない

近年制定された「本邦外出身者に対する不当な差別的言動の解消に向けた取組の推進に関する法律」(ヘイト・スピーチ規制法)の付帯決議には「本邦外出身者に対する差別的言動以外の

ものであれば、いかなる差別的言動であっても許されるとの理解は誤りであり、本法の趣旨、日本国憲法及びあらゆる形態の人種差別の撤廃に関する国際条約の精神に鑑み、適切に対処すること」を要請している[16]。

「あらゆる形態の人種差別の撤廃に関する国際条約」つまり国際人種差別撤廃条約を基準として考えて対処すべきことを要請している。日本はこの条約を批准しており遵守義務があり、日本政府は、人種や国籍に限定されない多様な現代的形態、多様な対象への差別をしっかり認識して対処することになっている。しかし、今回の土人発言容認の閣議決定は、明らかに、国際人種差別撤廃条約及びヘイト・スピーチ規制法に違反する対処の仕方となった言わざるを得ない。国連には、国際人種差別撤廃条約に基づいて、この条約の遵守を批准各国に求める役割を果たす国連人種差別撤廃員会があり、日本政府の沖縄に対する取り扱いを「差別」と断定し、何度も解消すべきものとして勧告を出してきた。

現在まで、沖縄の辺野古や高江の現地では、警察が反対運動の市民を座り込みの現場から強制的暴力的に排除して連行し、監禁場所を設置しては何時間も拘束する、つまり、国際的な人権基準では明らかに不当な人権弾圧が行われている。

今回の「土人」の発言の背景には、このような警察による市民への暴力的な取り締まり、あるいは弾圧を、どうにか正当化しなければならないという現地機動隊の実際に現場で実力部隊として動く者たちの自己正当化、そして何よりもそれを許容する日本政府の意思が根底にあると考えられる。歴史的にかつ政治的につくられた構造的な差別が源泉ということになる。

つまり、政府の言うことが分からない未開人や劣ったもの、あるいは外国人の影響下にあると推察するものへの暴力的な排除の正当化は、外国人に対する排除や暴力行使の正当化と直接つながっている。同じ「人」ではない、まともに言い分など聞く必要もないのだから暴力で抑え込まれて当然の存在とし、さらには政府への非協力が明らかであれば、脅威あるいは自分たちの社会を破壊する加害者とみなして直接的暴力の対象とする、つまり、物理的に排除することも当然の存在とみなす、ということである。現在はこの排除は実力による物理的な排除及び逮捕監禁、不当な長期勾留に留まっているが、次の段階に至る道筋は容易に見えてくる。

こうして、差別、そして差別に基づく直接的暴力を権力が正当化し、民衆もそれを黙認、容認し、あるいは支持し、自ら内面化することによって、人が人を組織的に大量に殺すことも可能となっていく。

さいごに

「差別」は、ある特定のマイノリティや社会的弱者に対して、生来の普遍的な権利や自由を持つに値しない存在として圧倒的な多数派あるいは権力の側が決めつけて、奪い取っていくものである。沖縄に政治的な理由で集中させられる米軍基地を存続させることは、国連人種差別撤廃委員会が指摘するように、差別そのものであり人権侵害である。消極的な黙認やその問題に対する配慮や意識の欠如も、差別する側は結果として加担することになる。

多数者が少数者の人権侵害を正当化し、構造的差別を正当化し、構造的暴力を正当化する。最終的には直接的暴力さえ正当化していき、社会や国家の潜在的脅威を除去するという理由で「殺す」ことさえ正当化されてきたのが人類の歴史である。そしてそれは、脅威である近隣国や外国人に対する差別と重なり合い、脅威たる外国人を「殺す」ことを正当化できるようになる。つまり戦争は差別により正当化されるということである。だからこそ国際社会は、差別を撤廃する方向性を目指した。そのために国連では、憲章、人権宣言、人権規約、差別撤廃条約等々、多様な差別と人権侵害の解消を図る規範と手続を発達させてきた。

沖縄の市民運動が国連への訴えかけを強めるのは、このような国際立憲主義を土台として沖縄の問題について日本における法の支配や民主政治の再生を含めた立憲主義的な運動を再生していきたいがためである。その全国的な運動の創生の中で沖縄建白書の要求事項であるオスプレイ撤去、普天間基地の閉鎖及び県内移設の断念を要求し、さらに沖縄への構造的な差別を解消するための連帯を呼び掛けてきた。これは、沖縄のみならず、日本全体、そしてアジアを含む国際的な立憲主義的の浸透を目指す連帯とならなければ、もはや戦争へ至る道を止めることができない。

注

（1）琉球新報２０１６年10月22日付け。

（2）琉球新報10月22日付け。

（3）朝日新聞11月8日付け。

（4）衆議院平成28年11月18日受領答弁第１３２号。

（5）小田博志「記憶の当事者性と植民地主義の忘却」『立命館言語文化研究』18（3）、２０１７年3月、pp.115-123。基本的文献としてハンナ・アーレント（大島通義大島かおり訳）『全体主義の起原 2―帝国主義』みすず書房、１９７２年を参照。

(6) 大西洋憲章は国立国会図書館の以下のサイトを参照。http://www.ndl.go.jp/constitution/etc/j07.html。国連憲章は、国連広報センターの以下のサイトを参照。http://www.unic.or.jp/info/un/charter/text_japanese/

（7）琉球新報社・新垣毅『沖縄の自己決定権』高文研、２０１５年、pp.47-84。

（8）琉球王国の歴史的事実と認識に関する再質問主意書（平成27年3月11日提出質問第１２９「照屋寛徳」）に対する政府答弁書

（9）波平恒男「沖縄がつむぐ『非武の安全保障』思想」島袋純・阿部浩己編著『沖縄が問う日本の安全保障』岩波新書、

２０１５年、Ｐ89‐94。
（10）喜舎場朝賢『琉球見聞録』Ｐ１７７　国立国会図書館デジタルコレクション http://dl.ndl.go.jp/info:ndljp/pid/950754
（11）井端正幸「サンフランシスコ体制と沖縄―基地問題の原点を考える―」『立命館法学』２０１０年５・６号（３３３・３３４号）、Ｐ１１６〜１３９を参照。
（12）進藤栄一『分割された領土』岩波現代文庫28頁〜76頁を参照。天皇メッセージ原文は以下にも掲載されている。沖縄公文書館 URL：http://www.archives.pref.okinawa.jp/collection/2008/03/post-21.htm
（13）本節は、島袋純「中央地方関係の中の沖縄なのか」日本行政学会編『年報行政研究50』２０１５年の一部を修正加筆して作成、沖縄振興の仕組みについては、島袋純『「沖縄振興体制」を問う』法律文化社２０１４年を参照。
（14）外務省 HP: http://www.mofa.go.jp/mofaj/gaiko/jinshu/「第３回〜第６回政府報告に関する人種差別撤廃委員会の最終見解
（15）外務省同上、「人種差別撤廃条約第９条、及び人種差別撤廃委員会手続規則第65条に基づく２０１２年３月９日付け人種差別撤廃委員会からの情報提供要請に対する回答」
（16）法務省 HP：http://www.moj.go.jp/JINKEN/jinken04_00108.html　本邦外出身者に対する不当な差別的言動の解消に向けた取組の推進に関する法律および付帯決議を参照。

14　琉球／沖縄における植民地主義と法制度

髙良沙哉

はじめに

２０１７年５月15日、琉球／沖縄は日本本土「復帰」45年を迎えた。琉球／沖縄はもう45年も日本国憲法の下にある。しかし、日米安保条約を頂点としたもう一つの法体系が、最高法規たる日本国憲法に優越し、憲法を脅かす形で存在している現実の中で、琉球／沖縄は、在日米軍基地の集中する地域として日本本土の憲法９条実現を支えながら、平和的生存権を含む多くの人権を侵され続けている。

本稿では、琉球／沖縄における差別的な現状、憲法無適用状態の背後にある植民地主義を指摘し、琉球／沖縄の平和と人権の確保と、琉球／沖縄と日本の植民地政策からの自立について述べる。

一　琉球／沖縄の現実

1　国政と琉球／沖縄

琉球／沖縄は、日本に「復帰」したことによって、日本の一自治体として、憲法の適用範囲内にある。憲法下で、選挙権もあり国会に代表者を出すこともできているため、日本の琉球／沖縄に対する支配の形は見えにくい。

人口比を考えれば当然のことだが、衆議院では475議席中、沖縄選出議員は4名（比例区で5名）であり、参議院では242議席のうち沖縄選出議員は2名にすぎない。（国会議員は「全国民の代表」であり（憲法43条）、地域代表ではないが、）代表者を出せたとしても、琉球／沖縄からのごく少ない代表者が、沖縄に過度に集中する日米安保条約の不利益について訴えたとしても、日本の政治を動かすには限界がある。琉球／沖縄の政治的意思が日本の政治に反映される可能性は著しく低く、安保の負担、矛盾を解決することにつながってこなかった。

2014年の衆議院議員選挙では、米軍普天間飛行場の名護市辺野古への移設を進めようとする政府の後押しする候補者は、選挙区ではすべて落選した（比例区では当選している）[4]。また、2016年の参議院議員選挙では、当時現職の北方沖縄担当大臣であり、辺野古新基地建設を推し進めていた候補者が選挙区で落選した。明らかに辺野古新基地建設の賛否が明確に争点となったこれらの選挙において政権与党の推す候補者が敗北してもなお、建設を強行し続けることができ、琉球／沖縄は日本の安全保障政策の重要な部分を担いながらも、日本の一自治体である限り、その問題性を改善できない地位に固定されている。高江のヘリパッド建設に関していえば、参議院議員選挙で当時現職であった自民党候補者が落選した翌日早朝に工事が再開された（『沖縄タイムス』２０１６年7月11日）。国の政治方針に対して沖縄県民が示した政治意思が完全に無視されている。

2　琉球／沖縄の現実

日本政府の琉球／沖縄に対する態度は、「同じ日本」に対するものというには横暴すぎるものであり、琉球人／沖縄人の心に配慮しない。例えば、２０１４年4月28日沖縄にとっては「屈辱の日」と記憶しているサンフランシスコ講和条約発効の日に政府主催の主権回復式典で万歳三唱し、また基地反対の現場では徹底した人権弾圧を行っている。日本政府が琉球／沖縄をいかに軽んじており、琉球／沖縄に負わせてきた負担を認識していないともいえる。

軍事主義を前提とする日米安保条約体制と、非軍事の日本国憲法9条という矛盾する二つの法の併存を実現するための方策として、琉球／沖縄に米軍基地の大半が押し込められてきた。いわゆる「沖縄問題」は、日本国憲法と安保条約体制の矛盾の集積である。

鳩山由紀夫元首相は、米軍普天間飛行場の移設先について「最低でも県外」という政策を掲げて失脚した。「最低でも県外」という鳩山元首相の方針を、所属政党を含めて亡きものにしようとした。辺野古移設を推進してきた「外務、防衛官僚の妨害や閣内の非協力による鳩山首相の孤立化を招き」、また「主要メディアにも非現実視され、頓挫」した。その後、菅直人、野田佳彦と続いた民主党政権は、辺野古移設のための手続きを進めようとした（新崎2017）。米軍基地の公平負担や県外移設は、代理署名訴訟の最高裁判所における大田昌秀沖縄県知事の意見陳述でも述べられており（大田2000）、新たな主張ではなかったが、米軍基地の県外移設という希望は、たった一つの普天間飛行場すら引受け先がなく、日本政治の琉球／沖縄に対する冷淡さを示した。(1)

そして依然として琉球／沖縄では、基地被害が起こり続けている。基地の集中は、単に敷地面積の問題ではなく、騒音、暴力、汚染といった具体的被害もまた、集中して発生する。日々発生し続ける米軍基地被害を、高良鉄美は「平和的生存権の『具体的侵害』といわずして何と言えばいいのだろうか」と述べている。地上戦を体験した世代の琉球人／沖縄人が、米軍の駐留と隣り合わせの生活を強いられることで、戦争体験が「繰り返し平然と再現させられ」、戦後世代も「米軍の戦争行為によって、あるいはそれに起因する事件・事故によって恐怖を体験させら」れている（高良1997）。

新崎盛暉は、沖縄に対する日本の差別的な状況を、「構造的沖縄差別」だと述べる。この構造的沖縄差別は、「象徴天皇制・（非武装国家日本↓）アメリカの目下の同盟国日本・沖縄の分離軍事支配の3点セット」として出発し、「50年代後半から、日本政府によっても積極的に利用されるようになり、沖縄返還後も維持強化された」と指摘する。そして、「対米従属的日米関係の矛盾を沖縄にしわ寄せすることによって日米同盟を安定させる仕組み」だと述べている。日米関係の矛盾は、例えば、米軍基地との共存という沖縄にありふれた現実であり、この矛盾は日本本土に住む人々にはほとんど見えなくなった。そして、現在の目に見える弾圧の状況を、「沖縄の民衆が、戦後70年を超える闘いの歴史的経緯を踏まえ、自らの自治・自決の主張の正当性に自信を持ち始めている」が、一方で日本の「軍事力重視の安全保障政策を推し進めようとする傾向」が同時並行的に進んでいるために、「沖縄の民意、住民の人権、自然環境の保全などはすべて無視あるいは軽視されている」と述べる（新崎2017）[2]。

二　日本国憲法と琉球／沖縄

琉球／沖縄には、差別に基づいて日米安保条約の矛盾が、具体的基地被害となって日々現れている。1996年の代理署名訴訟の最高裁判所における意見陳述で、大田沖縄県知事（当時）は、日米安保条約をめぐる問題を法の下の平等、基本的人権の問題、地方自治のありようの問題と指摘した（大田2000）。ここでは、憲法における平等原則、平和主義と人権、地方自治と琉球／沖縄に着目して述べる。

1　平等原則

憲法14条1項の例示列挙事由に関する説明における先住民族、異民族の扱いは以下のようである。

例えば宮沢俊義は、「日本国民の間には、人種の違いが少ないから、人種を理由とする差別は、日本では、あまり問題になったことがない」（宮沢1994）と述べている。伊藤正巳は、「異人種でわが統治権に服する者がきわめて少数であり、これを法的に差別することによる問題は他国に比べてすくない」（伊藤2007）とする。

憲法学の代表的な基本書の中に、先住民や異民族についての記述は少ない。江橋崇によれば、「憲法学者による日本国憲法の解釈では、アイヌ民族に対する差別はほとんど無視されてきた」。「うち続く差別にアイヌ民族の個人や運動体が悲痛な声を挙げ、国連の人権小委員会やＩＬＯなどで問題が浮き彫りになり、さらに、行政の調査などでもアイヌ人に対する差別が指摘されている最近になってもなおほとんどの文献が沈黙を守っているとすれば、それは数十万名の人権侵害に対する恥ずべき無知」だと指摘される（江橋１９９１）。

一方例えば、小林直樹は、「わが国では、血のミトスや人種的偏見に基づく差別は、事実問題として朝鮮人やアイヌの人々に対してみられるほか、……いわゆる未解放部落問題がある。これらは今日では、直接に『法の下の平等』に触れるような事件になることは少ないが、就職・結婚・住宅問題等の社会関係で、不当な差別がしばしば行われている。……民主社会において許し得ない現象であ」ると述べている（小林１９８０）。芦部信喜は、「日本では、アイヌ人・混血児・帰化人が問題となるが、とくに注目されるのはアイヌ民族問題である」（芦部２０１５）と記述する。

小林直樹は１９８０年にすでに先住民族、異民族、少数者について記述し、近年の憲法学の基本書では比較的記述がされている。しかし、記述はアイヌ、在日朝鮮韓国人についてであり、琉球／沖縄についての記述はみられない。当事者である琉球人／沖縄人は、事実の問題として差別を経験してきた。また法的にも米軍基地の加重負担のために、明らかに差別が存在する。しかし琉球／沖縄に対する根深い差別は語られず、琉球／沖縄に対する差別は憲法の中で見えない存在となっている。

2 平和主義と人権、地方自治

琉球／沖縄には、日米安保条約と憲法の矛盾が明確に表れている。憲法学では、憲法9条概念と日米安保条約を頂点とする法体系の併存が指摘されてきたが、日米安保条約の負担が沖縄に偏在している不平等性や、人権侵害について明らかにしてきたといえるだろうか。

琉球／沖縄からみれば、日米安保条約は平和主義の問題であると同時に人権の問題である。米軍が存在すること自体や、戦争に巻き込まれる恐怖だけではなく（平和的生存権）、日常的な騒音による環境権侵害や、財産権、政治活動の自由侵害等が継続して発生する。

また、1995年9月の米兵による少女暴行事件の際に、大田昌秀沖縄県知事（当時）が述べたように、軍事性暴力によってまさに人間の尊厳が脅かされる（大田2000）。軍事性暴力の発生は、基地被害のなかでも個人の尊厳を脅かすものとして重大である。その上、日米の非対照的な関係の下で、解決されない日米地位協定の不平等性が被害者側にのしかかる。秋林こずえは、「ジェンダー暴力が内在している軍隊と隣り合わせの生活を『安全保障』のためだからとマジョリティから強いられ、暴力の被害にあってもその救済を法が阻んでいる。あるいは救済する法があったとしても、沖縄のような小さな地域に対する恣意的な運用が、やはり被害者の救済を阻む」と指摘する（秋林２０１５）。

基地の集中が招く人権侵害は、平和主義と日米安保条約の矛盾から派生する問題を明らかにする。

また、辺野古新基地建設は地方自治の問題であり、「特定地域に負担を集中させるような法律については住民投票が不可欠である」と主張される（小林武２０１６）。正当な主張であるが、そもそも辺野古の問題を憲法95条の地方特別法制定にかかわる事案だと考える国会議員がどれだけいるのかと考えると、実現は容易ではない。これまで当然のように琉球／沖縄においてきた普天間飛行場であるのに、その「移設」を特別の負担と考え、地方特別法を制定する過程をたどること自体が、琉球／沖縄差別を前提としてきたことを考えれば困難が伴う。地方自治の問題であるという原則論は、植民地主義を背景とした琉球／沖縄と日本の関係においては、実現が難しい。

おわりに

日本と琉球／沖縄の関係は明らかに非対照的であり、琉球／沖縄は日本の国内に残る植民地である。

朝日新聞、沖縄タイムス、琉球朝日放送が実施した沖縄県内世論調査では、「復帰」してよかったと答えた人が、83%と依然として高いことが示されている。ただし一方で、「より強い自治体」を求めた人が51%もおり、最近の自立や自己決定権を求める沖縄の状況を映しだしている。また、日本に「復帰」して以降も独立の主張が消えることはなく、琉球独立についても4%の者が望んでいる(『沖縄タイムス』2017年5月12日)。「復帰」後も基地から派生する人権侵害が続く中で、「復帰」の原動力の一つとして挙げた自治への欲求がますます強くなっている。また琉球/沖縄と日本との関係が、武力による侵攻、植民地主義に始まる以上、より強い自治を求める議論、独立の議論がなくならないのは当然ともいえる。日本の同化政策の結果として、植民地主義が被植民者である琉球人/沖縄人に内在していることもうかがえる。

最近では、独立研究・活動や自己決定権の主張、基地引き取り論の主張など、日本と沖縄との関係性を見直す動きがみられる。

独立研究・活動に関しては、その議論の主体は誰なのかを意識することが大切だ。琉球人/沖縄人であるとみずから主体的に考える者が、当事者として議論した結果として独立をしようとするとき、[3]植民者の側には、日本に何ができるのかを日本人が自らの問題として議論することが求められる。例えば、アイヌに関して言えば、「支配民族が、侵攻した事実を覆い隠さず、その補償に向けて協議」することや、高度な自治を保障すること、「先住民族が主体となる審議会を作り、政府と直接話し合える体制を作る」などが挙げられる。その際に、「支配民族は、一方的にその土地を奪ったことを認め、先住民族に、先住権があることからの話し合いが必要」だと指摘される（平山2014）。琉球／沖縄についても同様のことがいえるのではないだろうか。その他具体的には、例えば、再び武力で鎮圧しないこと、日米の軍隊を撤退させ、植民地支配による責任を負うことなどが考えられる。

日本と琉球／沖縄の関係を考えるとき、日本の植民地主義を直視することが、憲法の矛盾や見落としてきた差別を発見することにつながる。日本国憲法の下に「復帰」してもなお平和、人権、自立を渇望する琉球／沖縄に起こっている現状を理解し、植民地主義を考えることは、同時に日本自体の植民地主義からの自立を考えることである。

注

（1）今や県外移設は市民的な運動へと発展している。「沖縄の基地を引き取る会・東京」や「本土に沖縄の米軍基地を引き取る福岡の会」、「沖縄差別を解消するために沖縄の米軍基地を大阪に引き取る行動」など、団体が結成され活動している。沖縄の側から県外へ「移設」するというよりもより積極的に「引き取る」活動である。

（2）琉球／沖縄に対する差別的状況について、新崎盛暉は「構造的差別」と表現するが植民地主義とは述べない。

（3）例えば、琉球民族独立総合研究学会の設立趣意書は、「琉球の地位や将来を決めることができるのは琉球民族のみである」とし、会員を「琉球の島々に民族的ルーツを持つ琉球民族に限定する」と明記されている。

（4）2017年の衆議院議員選挙では、辺野古移設推進の候補者が一名選挙区で当選した。

▽参考文献

秋林こずえ（2015）「法による暴力と人権の侵害」島袋純・阿部浩己責任編集『沖縄が問う日本の安全保障』岩波書店／芦部信喜（2015）（高橋和之補訂）『憲法第六版』岩波書店／新崎盛暉（2017）「日本にとって沖縄とは何か」『環境と公害』第46巻3号／伊藤正巳（2007）『憲法第三版』弘文堂／江橋崇（1991）「先住民族の権利と日本国憲法」樋口陽一、野中俊彦編集代表『憲法学の展望』有斐閣／大田昌秀（2000）『沖縄の決断』朝日新聞社／公安調査庁「内外情勢の解雇と展望　平成29年1月」／小林武（2016）『ようこそ日本国憲法へ』法学書院／小林直樹（1980）『新版憲法講義上』東京大学出版会／高良鉄美（1997）『沖縄から見た平和憲法　万人が主役』未來社／平山裕人（2014）『アイヌの歴史　日本の先住民族を理解するための160話』明石書店／宮沢俊儀（1994）『憲法II―基本的人権―〔新版〕』有斐閣／『沖縄タイムス』

15　沖縄の自己決定権を求めて

新垣毅

一　平成の人類館

私は2016年4月に東京へ赴任しました。1カ月前に部屋探しに来て、ある部屋に決めて不動産屋に手続きをお願いしました。すると、翌朝、不動産屋から電話がかかってきました。「大家が『琉球新報には部屋を貸さない』と言っている」。正直、驚きました。

戦前や戦後間もない頃までは「琉球人お断り」の紙を店頭に貼ったり、沖縄出身者が部屋貸しを断られたりすることはあったと聞いていましたが、2016年の今日に、まさか自分が部屋を断られるとは思いもよりませんでした。同じ琉球新報の先輩も、二十数年前、東京赴任の際に「琉球人」を理由に部屋貸しを断られたと聞きました。ただ、今回の理由は「琉球人」ではなく「琉球新報」です。その経験は、ヘイト・スピーチやヘイトクライムの背景にある、大きな構造に気付かされるきっかけにもなりました。

東京で暮らすのは初めてではありません。海兵隊員ら3人による少女乱暴事件が起きた

1995年頃、学生として東京に住んでいました。「沖縄出身だ」と自己紹介すると、学生の友人たちにうらやましがられました。対面的な人間関係では「ゴキブリ食べているの?」と聞かれるなど、ひどい偏見はごくたまにありましたが、あからさまな差別を感じたことはありませんでした。むしろ、安室奈美恵さんやスピード、仲間由紀恵さんといった沖縄出身芸能人の目覚ましい活躍もあって、「沖縄」は一つのブランドのように見られていたと思います。

しかし現在はどうでしょう。街頭に出ると、「ゴキブリども死ね」「テロリストを許すな」「朝鮮へ帰れ」「沖縄へ帰れ」——。そんな怒号を直接耳にするようになりました。「いったいこれは何だろう、東京で何が起きているのだろう」。東京に赴任して1年半、その疑問に対して私が出した一つの答えは、日本における植民地主義の継続です。時代や時期によって、その〝形相〟は変化しても、根っこの部分では同じものが続いている。フーコーの議論を応用し、西欧諸国が蓄積してきた「アジア」へのまなざしを研究したE・サイードが言う「オリエンタリズム」。実は、私が「沖縄出身」と自己紹介してうらやましがられていた視線は、「やまと」によって蓄積され、消費や欲望の対象として、自分の「沖縄像」を押し付けてくる「日本版オリエンタリズム」だったと、気づき始めました。

日本はいま、そんな「沖縄」のような「他者」を必要とする「自己愛社会」に映ります。植民地主義は形相を変えると言いましたが、フーコーやサイードが議論したような、「理性/野蛮」「文明/未開」「清潔/不潔」などの価値の二分法は、今や、「優越感」「自己保身」「事なかれ」などの時代の空気に合わせて変化しながら差別的なシステムを作動させているように思えます。例えばワイドショーや雑誌、新聞などでよく見られる中国バッシングの一環として、中国人のマナーの悪さや食品管理のずさんさなどが紹介されます。それは、「世界が驚く日本」の演出と、コインの裏表の関係です。逆に言えば、日本社会はそこまで自信を失っているのでしょう。他者と共生する社会という夢を描くより、身近な生活にばかり目がいき、自己保身に懸命になる「内向き志向」がまん延するのも、うなずけます。

ただ、それは時代の空気だけの問題ではありません。根底には植民地主義が生きながらえ、いやむしろ、巨大化し、表に出てきたとみるべきです。

1903年、大阪で開かれた内国勧業博覧会で「琉球人」やアイヌの人々、「生蕃」（台湾先住民）らが「学術人類館」内に民族衣装姿で「展示」された出来事がありました。沖縄では屈辱的な差別を受けたとして「人類館事件」と呼ばれています。

こうした「やまと」のまなざしが実は潜伏していて、今になって発露したと確信した出来事が起こりました。高江の米軍ヘリパッド建設現場で機動隊員が発した「土人」発言と、発言に対する政治家の対応です。具体的には、発言を擁護した松井一郎大阪府知事、そして「土人」は差別表現ではないと閣議決定した安倍政権の対応です。

沖縄差別発言は、この機動隊員に限らず、ネットや街頭にあふれています。沖縄に基地を押し付け続ける差別を正当化し、むしろ強化しようとする形で、レイシズムや排外主義が台頭している。私はこの状況を「平成の人類館」と呼んでいます。

二　世界の潮流と排外主義

排外主義や人種差別的言動・行動は、世界中で活発化し、政治の舞台でも一定の勢力が台頭しつつあります。日本における排外主義や人種主義は、こうした世界的な流れと無関係ではないでしょう。経済における米国流のグローバリズムの広がりとともに、世界では、かつてないスピードで、富める人と貧しい人の格差が広がっています。

これこそが、生活者にとって最も大きい〝脅威〟なのかもしれません。小泉政権時に進められた郵政民営化は、本質はアメリカ経済との一体化といわれました。その頃、小泉改革に伴って、はやった言葉は「勝ち組／負け組」「強者／弱者」でした。

いくら働いても「普通の生活」ができない「ワーキングプア」と呼ばれるような「負け組」にはなりたくないと誰もが思うでしょう。しかし、実際は既にそんな生活を送っている人々は大勢います。その挫折感は誰のせいでしょう。「自己責任」でしょうか。そんなことを言われると、それこそ自信喪失に陥ります。他者と共生なんて夢は描けません。自分自身すら「救えない」のですから。また、「普通」の生活ができている人にとっても、自分がいつ「負け組」になるのか、不安を抱いている人も少なくないでしょう。そんな人々にとっても夢が描けないのは同じです。

挫折感や挫折への恐怖が、排外主義や人種差別の温床となっているのでしょう。そんな気持ちが強い人々は、在日韓国・朝鮮人や外国人労働者のような「他者」は、自分たちの職場を奪ったり、行政サービスの財源を食ったりする「敵」に映るわけです。

しかし、「敵」とみなすには、そうした「他者」を共生すべき相手ではなく、「侵入者」あるいは「邪魔者」に読み替える必要があります。読み替えに動員されるのが、偏見や差別表現です。誰もが偏見や差別の対象にされたくはありません。偏見や差別を逃れるには、差別する側に身を置くことが「安全な場所」とみなされます。その「安全な場所」に逃げ込む人々もいるでしょう。そのために、「普通の日本人」、もっと言えば「純粋で本当の日本人」という思い込みを作るのです。それこそがステレオタイプそのものなのですが、そのステレオタイプに逃げ込むことで「安全」は確保される。

言い換えれば、自身の生活の挫折や挫折の恐怖からも逃れられるという、ゆがんだカタルシス（精神的浄化）を得られるのです。それこそ錯覚なのですが、今、増殖している日本人のゆがんだ「自己愛」は、格差社会を覆い隠します。それにより、格差を引き起こしている資本主義の限界や欠陥などの本質から目をそらすことも可能です。それはアメリカ式グローバリズムを進めてきた政界・財界の指導者にとっては都合が良いことだと思います。ところが、社会の大勢の人々が生活の不安と恐怖に悲鳴を上げている。そこに、トランプ政権を生む素地となったエスタブリッシュメント批判の本質を見ることができると思います。

こうした大きな流れから今の日本を見ると、社会が悲鳴を上げている「痛み」を、場当たり的に繕おうと、懸命になっているように見えます。特に政界の多数派はそうです。根本的問題を直視していない。目指すは「美しい国・日本」「普通の国・日本」だそうです。

そのような覇権を争える大国を目指す自己の幻想的なプライドを維持するには「純粋で本当の日本人」をかたどるための「非日本人」＝「他者」を創り出す必要があるのでしょう。「他者」を標的にし、排外・差別することで、日本人「自己愛」を増幅させ、日本の劣化を覆い隠す。この、がん細胞のようにまん延した空気は、中国や北朝鮮への〝敵視〟政策を促す一方、米国への甘い「期待」を一層高め、ますます対米従属を深化させています。その空気は、国内の「非日本人」である在日韓国・朝鮮人やアイヌの人々、沖縄人の他者化をも後押しします。延々と加速する悪循環です。

三　沖縄への植民地主義

日本の沖縄に対する植民地主義を一言で言えば「国防の道具化」です。高江のヘリパッド建設や辺野古の新基地建設はその象徴と位置づけることができます。政府が打ち出している沖縄の「負担軽減策」は、多くの沖縄県民からは「機能強化」に映っています。その大きな背景には「日米同盟強化」を至上価値として、米国の軍事的世界戦略に寄り添った日本政府の姿勢があります。それを沖縄の人々は見抜いています。「負担軽減」は印象操作の言葉であると。辺野古新基地建設に反対する沖縄の強い民意をないがしろにすればするほど、1879年の琉球併合から連綿と連なる植民地主義の歴史が首をもたげて、沖縄人の記憶によみがえるのです。

この長年の歴史において、絶えず沖縄は日本の国防の道具、あるいは本土の防波堤にされてきました。琉球併合時は日本本土国防のための「南の要塞」と位置づけられ、アジア侵略のステップにされましたし、沖縄戦では本土決戦に向けた時間稼ぎの「捨て石」にされました。戦後は、1952年に日本の独立と引き換えに米国へ差し出され、「反共の砦」になり前線基地として1300発もの核兵器が配備されました。72年の復帰後も広大な米軍基地は残り、今は中国や北朝鮮の「脅威」に対抗するという口実で「軍事の要石」にされ続けています。

今、沖縄で起きている基地問題を、こうした歴史認識の延長線上における「過重負担」と捉えるか、それとも、中国や北朝鮮への「脅威」を出発点にして、米軍は日本を守ってくれる存在として見るのかで、180度見方が変わってきます。これは、基地問題を巡る、沖縄と本土の深い溝になっています。本土の多くの人々は、沖縄への植民地主義の歴史をほとんど知りません。それどころか、沖縄の米軍基地が北朝鮮や中国の「脅威」から自分たちを守ってくれる、あるいは守ることができる、と本気で考えています。

本当にそうでしょうか。沖縄の米軍基地は、本当に北朝鮮や中国の「脅威」に対する「抑止力」になっている、あるいはなるのでしょうか。沖縄の基地の4分の3は海兵隊です。辺野古、高江、普天間も海兵隊の施設です。この海兵隊は昔は最初に敵地に乗り込む「殴り込み部隊」として脚光を浴びました。しかしその後、ベトナム戦争、湾岸戦争、イラク戦争などと続く戦争を見ると分かるように、情勢は空爆でほとんど決まるようになりました。海兵隊は空爆後に敵を掃討する役割に後退しました。今に至ってはミサイル戦争の時代です。米国には、海兵隊の削減・撤退論が根強くあります。まして沖縄の位置に関しては、そこまで米軍を小さな島に集中させると、ミサイル1、2発で壊滅してしまうし自国兵の犠牲も大きいとして、分散論が提起されているほどです。

では、なぜこんな多くの海兵隊が沖縄に必要なのでしょうか。米国よりむしろ日本政府が求めているからだと思います。私は主に理由は二つあると思います。

一つは、尖閣有事のような紛争が起きた際に、米兵にも参加してもらいたいという動機が強いと思います。ですから尖閣有事の際の日米安保第5条適用にこだわる。「一緒に戦って血を流してください」ということです。そうすれば中国に対し米国も本気になると考えているのではないでしょうか。

二つ目は、自衛隊の家庭教師です。日米合同演習は近年、沖縄で頻繁に行われるようになり、最近はさらに活発化しています。憲法9条を変えて、自衛隊を軍隊として位置付けたり、「普通の国」ほどに戦闘能力を高めたりするまでは、「米軍さん、自衛隊の面倒を見てください。立派な兵士として海外でも戦えるようにしてください」ということだと思います。

ミサイル戦争の時代に沖縄の海兵隊が役に立たないとなると、「脅威」論から出発して沖縄の基地を重視する人たちの意見の論拠は非常にあやしくなります。その基本的なところを日本のメディアは広く国民に伝え、沖縄の問題を深く考えさせる素材をきちんと提起できているでしょうか。私は非常に疑問に思います。ましてや沖縄の苦渋の歴史については、報道量は絶対的に足りない。

かえって日米同盟一辺倒の政権を支えるような言説を生み出すことで、沖縄の基地反対の声を無視したり、「沖縄問題」を地域問題に矮小化したりしていないでしょうか。

もっといえば、ヘイト・スピーチやヘイトクライムにお墨付きを与えるような言説を流布させてしまっていないでしょうか。「日米同盟やその強化」こそが「国益」「公益」であるという論調の人から見れば、米軍基地建設に反対する沖縄の人々はノイズであり、邪魔な存在として映ります。その論調や言説を基に、ヘイトをする人々やネットの「ネトウヨ」と呼ばれる人たちは基地に反対する人々を「反日」「国賊」「テロリスト」とレッテルを貼っているわけです。

私が部屋貸しを断られた際の理由が「琉球人」あるいは「沖縄人」だからではなく、「琉球新報の記者」だからというのは、琉球新報が在沖米軍基地に批判的な論調だからと見ることができます。ちなみにネットで私はそんな人々から「反日テロリスト」と呼ばれています。「テロリストにアジトを貸さなかった大家は英断だ」と。

安全保障は日本全国民の重要な問題なはずです。北朝鮮のミサイル開発が頻繁化する中、こうしたメディアやネットの傾向は拍車を掛けているように感じます。この状態は政権とメディアの植民地主義的な共犯関係だと私は捉えています。

四　日本と沖縄の進路

「植民地主義」という概念をメガネに例えましょう。そのメガネをかけて沖縄と日本本土の関係を見てみましょう。日本は船だとして、大きな座標軸に置き、日本丸の進路を考えてみます。縦軸は歴史という長期的な時間軸。横軸は国際社会という普遍的な空間軸です。自由・平等・民主主義・共生・人権などの普遍的価値はいわば羅針盤です。

沖縄から見える日本丸の今の状態とは、一言で言えば、対米自立精神の枯渇、すなわち対米従属の深化です。米国のためなら自国民（ここでは沖縄の人々）の命や人権、平等、民主主義などよりも米国の〝顔色〟を優先する姿です。北朝鮮情勢における外交、日米地位協定、米軍絡みの数々の事故対応を見ると、一目瞭然です。対米従属のしわ寄せや矛盾が沖縄に集中しているからこそ、日本丸の船底に空いた穴が、沖縄からはよく見える。高江における基地反対住民の逮捕のありようは「共謀罪の先取り」と言われましたが、それも一つの〝穴〟に見えます。沖縄から発せられた声は、日本丸の進路に対する警鐘とも言えるのです。

その最も根本的な警鐘は、植民地主義といえるでしょう。「植民地主義と決別せよ」です。これは日本の根本課題といえます。沖縄においては植民地主義への対抗理念である自己決定権の確立・行使が今、叫ばれています。

戦術と戦略という言葉があります。戦術はさしあたり優先される現場一線での戦法です。戦略は、戦術を超えて比較的長いスパンで多角的視座を織り交ぜながら練り上げた、大きな戦法です。

それらを沖縄や日本本土に当てはめると、沖縄では今、辺野古新基地建設を断念させる戦いが繰り広げられています。「オール沖縄」という勢力を結成し、知事が裁判闘争に挑み、建設現場では反対住民が阻止行動に取り組んでいます。沖縄の長い歴史から見ると、これは沖縄の人々の命や自然、人権を守るための「戦術」といえるでしょう。

辺野古建設「ノー」は、自己決定権の意思表示といえます。一方、本土でも政府の沖縄への基地押し付けをやめさせる運動があります。ここで重要なのは、メディアを含め、多くの国民がまずそこに関心を寄せることだと思います。

一方の「戦略」は、東アジアの平和をいかに築くかが重要だと思います。「東アジア共同体」構想の実現こそが、鍵を握ると思います。なぜなら、この共同体が実現しますと、対話や経済連携によって共同体内諸国の紛争の火種を除去することが可能になるからです。そうした「平和」構築が進めば、沖縄の米軍基地は要らなくなります。武力による「平和」ではなく、対話による「平和」の構築です。

沖縄は共同体の国・地域の懸け橋となれると思います。地理的優位性だけでなく、平和や人権、共生、平等、自治など普遍的価値を求めて闘ってきた歴史があるからです。その役割を自覚して平和を担う自己の存在を高めていくこと、それが大切だと思います。そのために沖縄の自己決定権の確立・行使は欠かせないと思います。

16　奪われた琉球人遺骨

宮城隆尋

一　遺骨問題とは何か

京都大学（京都市）と台湾大学（台湾・台北市）に、沖縄から持ち出された遺骨が保管されている。京都大には少なくとも26体があるとみられ、台湾大は63体を保管していることを公表している。遺骨の多くは沖縄本島北部にある今帰仁《なきじん》村の風葬墓「百按司墓《むむじゃな》」から1928〜29年、人類学者で京都帝国大学助教授だった金関丈夫（1897〜1983年）によって、研究目的で持ち出されたとみられる。

百按司墓は今帰仁村指定有形文化財で、同村運天《うんてん》集落の北側、がけの中腹にある。按司《あじ》は琉球王国時代、地域の有力者だった人々のことだ。『中山世譜』（1697年）には、百按司墓が貴族の墓だったことが記されている。村教委によると、近くにある大北《うーにし》墓を含めて「山北地域の歴代王墓か監守一族の墓所」と考えられている。現在も「今帰仁上り《なきじんぬぶい》、今帰仁廻り《なきじんうまーい》」の拝所の一つとして、多くの人が信仰の対象としている。

沖縄での「発掘調査」について、金関は著書『琉球民俗誌』(1978年)に書き残している。百按司墓だけでなく沖縄各地で遺骨を集めたことが記されているが、集める際に遺族の同意を得たかどうかについての記述は見られない。当時の県や警察、沖縄の研究者や地域の有力者の助けを得て収集したことが記されている。遺骨の現状については、今帰仁村教育委員会が百按司墓の木棺修復事業の一環で調査した。同調査報告書によると京都大に26体、台湾大に33体が保管されているとされる。

先住民族の遺骨は第2次世界大戦前まで、旧植民地から宗主国の研究者が持ち出したことが知られている。先住民族の遺骨返還を求める権利は「先住民族の権利に関する国連宣言」(2007年)で認められており、欧米諸国は近年、先住民への遺骨返還に取り組んでいる。琉球人の遺骨については、既に一部の遺骨返還を勝ち取ったアイヌ民族と連帯して活動する市民団体などが、数年前から問題提起してきた。しかし日本政府は琉球人を先住民族と認めておらず、旧帝国大学に保管されているとみられる琉球人遺骨について返還や調査は行われていない。

「琉球新報」などが2017年2月にこの問題を報じたことを機に、遺骨返還を求める動きが広がっている。京都大学は同年9月、照屋寛徳衆院議員の照会に対して保管していることは認めたものの、返還の意向は示さず、調査する予定も「ない」と回答した。台湾大学は同年8月までに、高金素梅立法院委員の照会に対し、沖縄側に返還する意向を示した。

二　遺骨問題の歴史と現在

1　遺骨「発掘」

金関丈夫『琉球民俗誌』には沖縄で人骨を収集した経緯が記録されている。同書収載の文章「琉球の旅」には、伊波普猷ら沖縄の研究者の紹介を受け、県や那覇市の許可を得て収集したことが書かれているが、遺族の意向に関する記述は見当たらない。

同書によると金関は１９２９年1月9日に県庁警察部の許可を得て同11日、百按司墓を訪ねた。名護小学校長の島袋源一郎、仲宗根村駐在所の巡査を同行して「頭蓋十五個、頭蓋破片十数個、躯幹四肢骨多数を得た」。翌12日は「在郷軍人」を作業員として雇い、巡査と共に同墓を再訪。ビール箱で「十二箱」分の骨を運び出し「採集し尽くした」と書いている。

同墓の人骨の埋葬時期は「弘治以前より万暦の頃、並びに明治以後最近に至るまでの人骨が、共存するものと見なければならない」とある。弘治は中国明代の１４８８～１５０５年。

金関は他の場所でも沖縄師範学校から人骨（頭蓋骨6個など）の提供を受けた。県立一中で数個の人骨（頭蓋骨1個を含む）を他県の人骨と交換する条件で譲渡された。垣花小学校で「頭蓋一個」などを借用。首里第一中学校でも頭骨2個を得たとしている。

中城城跡近くでは、岩陰で見つけた「道光三、十一月、父比嘉」と墨書きされたかめから「女性骨と小児骨」を収集した。中城城跡の洞窟に散乱していた人骨も「悉《ことごと》く収集して、大風呂敷包数個を得る」とある。

那覇市の許可を得て同市若狭の赤面原の浜で行路病死人を発掘。「軟部」が残る遺体を含め、計9体と頭蓋1個を持ち出した。瀬長島でも「三、四の頭蓋」などを収集している。

京都帝大助教授だった金関は、この琉球調査の後に発表した「琉球人の人類学的研究」で医学博士号を取得した。同論文は「手掌紋」などの調査だが、琉球人を「原始的なるアイヌに近い」とアイヌ民族との類似性を指摘している。

人骨はのちに金関の師である清野謙次の『古代人骨の研究に基づく日本人種論』（１９４９年）でも触れられている。同書では沖縄本島から収集された人骨71例、奄美諸島の２４１例の計３１２例が挙げられている。それらは全て京都大学に寄贈されたとされている。

2　研究者が注目

琉球併合（琉球処分）以降、さまざまな研究者らが百按司墓を調査した。1893年に沖縄を訪れた探検家の笹森儀助は百按司墓の木棺の図面を著書「南嶋探検」に書き残した。1904年に沖縄を調査した人類学者の鳥居龍蔵が撮った写真にも百按司墓の木棺を記録したものがあり、鳥居も訪ねたことが分かっている。今帰仁村出身の教育者、島袋源一郎は05年に木棺を調査。後に人類学者の金関丈夫と共に墓を訪れた。06年に訪れた茨城県出身の小説家・菊池幽芳は「運天のどくろ塚」として家型墓を図に残した。

研究者が注目したのは弘治13年（1500年）の銘が残る木龕だった。金関は1928～29年に調査し『琉球民俗誌』に詳細な記録を残した。この時の調査で人骨を収集したことが分かっている。第2代沖縄県令の上杉茂憲は1881年に百按司墓を訪れ、荒れ果てていた墓の修復を指示した。沖縄歴史研究の第一人者とされる東恩納寛惇も戦前、首里城の博物館に展示された木棺の拓本などを残している。

今帰仁村教育委員会は2002～03年に住友財団10周年記念の助成を受け、3基の木棺を復元した。金具の文様から木棺は14～15世紀半ばに作られたことが分かった。県内で現存する最古の琉球工芸技術とされている。

3　墳墓か古墳か

遺跡発掘時に人骨が出土した際、現在は文化財保護法によって県などの自治体が対応することが定められている。しかし以前は人骨の埋蔵文化財としての法的な位置付けはなかった。人骨の発掘に関わる法律には戦前、戦後ともに墳墓発掘などを禁じた刑法がある。

アイヌ遺骨を巡っては北海道庁令で古墳や墳墓以外の場所での発掘を許可する特例が作られたが結局は墓地の骨まで根こそぎ収奪された。沖縄県や県教育委員会によると、沖縄では同様の特例はなかったとみられる。刑法は「墳墓」の発掘や遺体の損壊を禁じているが、判例では祭祀礼拝の対象となっていない古墳などは「墳墓」から除かれている。

百按司墓は北山王系の墓とも言われ、近代に至るまで風葬墓として一般の人にも利用されていたようだ。研究者らによって外部に持ち出された骨を含めて誰の骨か分かっているものはないが、現在も「今帰仁上り」の目的地の一つで、多くの門中が拝んでいる。

研究者間では「いつまでが人骨標本で、いつからが遺骨なのか」という定説はない。北海道アイヌ協会や日本人類学会などが参加した「これからのアイヌ人骨・副葬品に係る調査研究の在り方に関するラウンドテーブル」は「おおむね100年以内に埋葬された遺骨や副葬品」は研究対象とすることに「問題がある」との見解をまとめている。

4 人類館

1903年、大阪の第5回内国勧業博覧会の会場外で開かれた「学術人類館」には、アイヌ民族や朝鮮人らとともに琉球人も展示された。民間の見せ物小屋だったが、東京帝大（現在の東京大学）人類学教室の人類学者、坪井正五郎が協力していたことが分かっている。人類館には、坪井らが制作した「世界人種地図」などが貸し出されており、開催中に坪井は教え子の松村瞭を会場に派遣している。

坪井は東京人類学会（後の日本人類学会）の設立メンバーで、明治期に北海道でアイヌ墓地から多数の遺骨を持ち出して研究していた。弟子である鳥居龍蔵は04年、沖縄県師範学校などで沖縄の人々を〝生体計測〟していた。同学会では後に、京都帝大（現在の京都大学）の清野謙次らも活動した。清野は、今帰仁村の百按司墓から遺骨を持ち出した金関丈夫の師である。

第2次世界大戦前まで、欧米諸国の博覧会で植民地の人々を展示する〝人間動物園〟は、帝国主義や植民地経営を正当化する装置として機能していた。それを受けて国内でも、明治期に内国化された北海道、沖縄を含め、さまざまな地域の先住民を「土人」として展示したのが人類館だ。

人類学者によるアイヌ、琉球人の人骨発掘、研究は「人類館事件」と地続きだったということができる。

清野は国策調査・研究機関「太平洋協会」の嘱託として大東亜共栄圏の建設に人類学から参加した。戦犯として追及されることなく戦後も医学や考古学の分野で影響力を持ち続けた。49年には自身や弟子たちが収集した琉球人、アイヌ、朝鮮人、台湾先住民らの人骨を基に、著書『古代人骨の研究に基づく日本人種論』を発表した。

金関も戦後、沖縄や奄美で発掘調査を続けた。55年に人類学や考古学など9学会が奄美総合調査を行った際には、新聞の取材に「風葬地帯からは無縁の人骨約90体を取ってきました」と答えている。

5 風葬

沖縄では近代以降に火葬が定着するまで、古くから風葬が行われていた。崖に約60基の古墓が点在する今帰仁村運天をはじめ、自然壕などを利用した風葬墓は現在も県内各地に残る。金関の遺骨収集を記した『琉球民俗誌』には遺族の意向に関する記述はなく「無縁の骨」として扱っていた意識がうかがえる。しかし風葬墓であっても、すぐに「無縁」と言うことができるのか。

沖縄の墓の所有形態は門中墓や兄弟墓、家族墓などの血縁関係だけでなく、村落共同体で共有する村墓、知り合いで営む模合墓などがある。誰かの祖先である可能性は広く残されている。金関が遺骨を持ち出した百按司墓は、16世紀以前の沖縄本島北部地域の有力按司やその一族の墓と考えられているが、墓を持たない地域の人々も骨を持ち込み、近世まで利用していたことも考えられる。

遺跡発掘などで出土した遺骨について、文化財保護法は自治体が所有することを定めている。しかし先史時代の骨であることが確認されない限り、遺族をたどれる可能性はゼロではない。2016年3月のアイヌ遺骨返還訴訟の和解は、民法に規定される血縁関係にかかわらず、コタン（集落）で墓地を営んだアイヌ民族の慣習を尊重し、地域に遺骨を返すことで合意した。百按司墓も地域で利用されていたのであれば、アイヌ墓地と共通の性質を備えていたことになる。

6　相次ぐ返還要求

今帰仁村教育委員会は「琉球新報」の取材に対し、百按司墓など関連する3つの墓について県指定文化財への認定を目指す意向を示している。遺骨の保存に関する課題を踏まえ、遺骨を県内に戻して地元で調査・研究を進めるべきかどうか、県や専門家とも議論し、調査を進めたい意向だ。村指定文化財としての百按司墓を管理する立場から答えており、先住民族の権利に基づいた遺骨返還の必要性については言及していない。県教育庁文化財課は、今帰仁村から協力を求められた場合は「県教委としてできることがあるか検討したい」としている。

２０１７年３月には琉球民族独立総合研究学会が、国連人権高等弁務官事務所に提出した声明で「先住民族の権利に関する国連宣言」第12条（伝統儀礼を行う権利）に違反していると指摘。日本政府による徹底的な調査と遺骨の返還を求めた。６月には琉球民族遺骨返還研究会（代表・松島泰勝龍谷大教授）が設立され、京都大学などに情報公開と遺骨返還、琉球民族への謝罪を求めた。

沖縄県選出の照屋寛徳衆院議員は８月、国政調査権に基づき、京都大学への照会を文科省に請求。京都大学は９月15日、同大学総合博物館の収蔵室で遺骨を保管していることを認めた。ただ人骨標本としての目録を作成しておらず、遺骨を使った論文などの研究成果も把握していないことも明らかにした。アイヌ民族遺骨問題の際に同大がワーキングチームを設立して調査したことに関しては「（琉球人遺骨の調査は）現時点では予定していない」とした。文科省は、京都大学に保管されていること自体を「把握していなかった」と答えた。

京都大学は遺骨の保管状況を「プラスチック製の直方体の箱に収納している」「温湿度を一定に保ち、学術研究に支障のないよう、適切に保管している」と説明。研究成果（論文などのリスト）の有無は「本学の研究者および学生の学術論文等を網羅的に把握することはしておらず、リストなどはない」とした。目録などについては「総合博物館は本学の研究者が個別に収集し、研究室単位で保管してきた各種の学術資料を移管した施設であるという事情から現在、所蔵品の調査を進めている」とした。

「琉球新報」などの報道機関に対し、遺骨の有無を明らかにしなかったことについては「所蔵品の把握はなお途上にあり、人員も限られた状況にあることなどから、収蔵状況などの問い合わせに応じることが難しい」と説明した。

また2017年7月に北海道大学で開かれた日本平和学会の春季研究大会でも琉球人遺骨問題について議論され、ほぼ同時期に札幌市で開かれた「東アジア共同体・沖縄（琉球）研究会」のシンポジウムでも議題となった。札幌市でシンポジウム「遺骨をコタンに返せ！　4大学合同全国集会」（同実行委員会主催）も開かれ、沖縄戦遺骨収集ボランティア「ガマフヤー」の具志堅隆松代表が報告し、遺骨返還を求めている。

7　人権侵害

琉球の人々が先住民族であることは国連自由権規約委員会が2008年に認め、国連人種差別撤廃委員会も日本政府に対して権利保護を勧告している。しかし日本政府は、国内の先住民族はアイヌ民族以外に存在しないという立場だ。遺骨の収奪は琉球の人々の人権を侵害する行為であり、遺骨を返還していない現在の京都大学などの対応は琉球の人々の先住民族としての権利を侵害する行為だ。琉球併合（琉球処分）や沖縄戦、戦後の米国統治、現在の在沖米軍基地問題などにより、国家によって琉球人の自己決定権が侵害されてきたことと地続きの問題だ。全国各地の旧帝国大学に保管されているとみられる琉球人遺骨の全容が明らかにされ、その全てが返還されるまで、琉球の人々の人権が侵害された状態は続く。日本政府や旧帝国大学の関係者はこの問題に正面から向き合い、応える必要がある。

17　新たなアジア型国際関係における琉球独立
――日米安保体制からの解放を求めて

松島泰勝

一　日本の植民地としての琉球

５００年以上、琉球国は東アジアの中心において独立国家として存在してきた。琉球国は、明国、清国との間で外交・儀礼・経済的関係である進貢・册封関係を取り結んできた。しかし１６０９年、島津藩は江戸幕府（当時の日本政府）の同意の下、琉球国を侵略し、奄美諸島を琉球国から切り離し同藩の直轄領にした。以後、琉球国は島津藩から経済的搾取を受けるなどの間接統治下におかれたが、明国、清国との進貢・册封関係や王府による国内統治は継続され、独立国家として存続した。１８７９年に日本政府は軍事力を用いて琉球を併合し、「沖縄県」を設置して琉球を自らの植民地にした。

１８５０年代、琉球国はアメリカ、フランス、オランダとそれぞれ修好条約を締結した。欧米諸国、清国も琉球国を独立国として認めていたのである。琉球国は、清国と同じような関係にあった李氏朝鮮（現在の韓国、北朝鮮）や安南国（現在のベトナム）、シャム国（現在のタイ国）等と同様な政治的地位を有していた。琉球併合後、日清戦争後まで旧王府家臣による琉球復国運動が展開されていた。また太平洋戦争後の米軍統治時代から今日まで独立を掲げる政党が存在するなど、琉球は独立運動が約140年続く地域である。

植民地支配下の琉球人は日本人による差別の対象となった。1903年、大阪・天王寺で開かれた内国勧業博覧会内の人類館において琉球人は檻の中で見せ物にされた。同じ檻の中には中国人、朝鮮人、台湾原住民族、アイヌ民族等もいた。日本人との結婚、就職、アパートへの入居、食堂での飲食等における琉球人差別が常態化していた。近年も琉球人新聞記者の入居を拒否する差別事件が東京で発生した。

第二次世界大戦中、日本「本土」を護るために「捨て石」として琉球を戦場にする軍事作戦を日本軍は実施した。その結果、15万以上の琉球人が日米両軍によって殺された。本来、日本国民を護るべきはずの日本軍が琉球人を虐殺し、集団死を強制した。日本軍が発出した「球軍会報」では、「沖縄語で談話する者はスパイと見なし、処分（殺害）せよ」との命令が下された。日本語を話せない、つまり皇民化教育の「落ちこぼれ」は戦争になると処刑という形で罰せられた。これが植民地・琉球の現実であった。

琉球人差別は今でも続いている。2016年、沖縄島・高江で米軍ヘリパット基地建設に反対する琉球人に対して大阪府警の機動隊員が「土人、シナ人」と罵声を浴びせた。この差別発言、ヘイト・スピーチを沖縄県知事を初めとする多くの琉球人が批判したが、日本政府、大阪府知事はこれを差別発言と認めず、差別を隠蔽し、正当化した。

現在、琉球において日米両軍による基地機能の強化が図られ、再び「沖縄戦」が準備され、未だに琉球人が差別されていることも琉球独立運動に火をつける要因になっている。つまり、日本政府、日本人は琉球独立運動と無関係ではなく、それを傍観できる立場にはない。

二　脱植民地化運動における主体の形成

1996年と2016年に、沖縄県の2人の知事、大田昌秀氏、翁長雄志氏が最高裁判所で敗訴を言い渡された。最高裁における2人の沖縄県知事の敗訴は、次のことを意味している。琉球人の人権擁護よりも日米安全保障体制維持の方を日本の司法制度は重視していること、そして琉球における米軍基地問題の解決は国内法によっては非常に困難であることである。琉球人は、国連憲章、国際人権規約等の国際法によって保障された民族の自己決定権を保持している。この自己決定権は内的自己決定権と外的自己決定権に分かれ、前者は自治、後者は独立を意味する。辺野古新米軍基地建設に反対する県知事、名護市長、国会議員が選挙で選ばれたにも関わらず、日本政府は琉球人の民意を無視して基地建設を強行した。琉球人自身の力で米軍基地を撤去し、新基地建設を阻止する唯一の方法として独立が琉球人の大きな関心を集めるようになった。

2013年に琉球民族独立総合研究学会が琉球独立を客観的、国際的に研究することで琉球の脱植民地化、脱軍事基地化を実現するために結成された。1996年から現在まで、琉球人は国連の各種委員会に参加して、琉球の脱植民地化のための国際的な協力を得てきた。「イデオロギーよりもアイデンティティ」と主張して知事に選出された翁長雄志氏は、2015年に国連欧州本部の国連人権理事会において「我々の自己決定権、人権が蔑ろにされている」と訴えた。

2008年に国連人権委員会は、琉球人を先住民族として認め、その土地権、文化遺産、伝統的生活様式、琉球の文化や歴史の正課科目としての教育等を日本政府に勧告した。2009年には国連機関のユネスコが琉球諸語を消滅危機言語として登録した。琉球諸語は日本の方言ではなく、独立した言語であることを国連が認めたのである。2010年に国連の人種差別撤廃委員会は、米軍基地の琉球への集中を人種差別として日本政府を非難した。2014年に国連人権委員会は琉球人の土地権、天然資源へのアクセス権への保障を日本政府に勧告した。同年、国連人種差別撤廃委員会は、琉球人の人権の保護・強化について琉球の代表者と協議するよう日本政府に求めた。

ILO169号条約によると、他者が一定の指標を使って先住民族を定義するのではなく、植民地支配下で生きる人々の自覚によって「先住民族になる」のである。先住民族は、文化に対する権利だけでなく、土地権を含む先住権を「先住民族の権利に関する国連宣言」(2007年)等の国際法で保障されており、基地の廃止に対しても決定権を有した民族である。

日本政府は自国民である琉球人の生命を守らず、権利を侵害し、人間としての誇りを傷つけてきた。このような日本に対して一般の琉球人は、基地の県外移設要求が全国知事会等で拒否された２００９年頃から「沖縄差別」と批判するようになった。これは琉球人が自らを被差別者、抵抗の主体として自覚したことを意味する。琉球人はナショナル・マイノリティである。ナショナル・マイノリティとは、何世紀にもわたり先祖伝来の地と考える領土に定住する集団であり、独自の「ネイション」「人民」であり、既存の国家に編入された集団である。ナショナル・マイノリティには、スペインのカタルーニャ人、イギリスのスコットランド人、カナダのケベック人、クルド民族等のネイション集団があり、「国家なきネイション」、「エスノナショナルな集団[1]」とも呼ばれる。

現在、琉球の脱植民地化運動、自己決定権行使運動として、琉球独立運動、反基地運動の他に、言語復興運動、琉球人遺骨返還運動等が展開されている。

三　琉球独立による平和の実現

琉球が主権をもたない限り、日米両政府は琉球の地を意のままに使い、琉球人は人間以下の扱いをされるだろう。日本全領土の０・６％、全人口の１％以下の琉球は形式民主主義を通じて基地が強制されてきた。

安倍政権は集団的自衛権を確立し、日本国憲法を改悪し、奄美・宮古・八重山諸島への自衛隊基地の設置と日米共同訓練を強化しようとしている。島嶼で地上戦が展開されると、軍隊は住民を守らず、多くの琉球人が犠牲になったのが沖縄戦の教訓である。米軍基地は抑止力にならず、様々な暴力を及ぼすというのが戦後琉球の現実であった。東アジアで戦争が勃発すれば琉球は真っ先に戦場になるだろう。そうならないために独立して平和を創出する政治的アクターにならなければならない。外交権を行使し、世界中の国や地域と政治経済的、文化的に深くつながる。国連のアジア本部、国際機関、国際的な人権NGO機関等を琉球に設置し、平和運動のセンターになり、国境を越えた民際的な信頼関係とネットワークの構築を通じて東アジアで平和を創出する「平和の島」[2]になる。

独立は次のようなプロセスで進むであろう。沖縄県議会が、国連脱植民地化特別委員会の「非自治地域」リストに琉球を加えることを求める決議案を採択する。琉球は「非自治地域」となり、国連、非同盟諸国首脳会議、太平洋諸島フォーラム等の地域国際機構の支援を得ながら脱植民地化のための活動を展開する。民族の自己決定権を行使して、国連監視下で住民投票を実施し、独立を支持する有権者が過半数を占めれば、世界に独立を宣言する。そして世界の国々が国家承認し、国連の加盟国になる。独立の過程で世界中に住むウチナーンチュ（琉球人）が国境を越えて支援することが予想される。

琉球は東シナ海に浮かぶ島々からなる国となるが、島嶼国にふさわしい政治体制は連邦共和制であると考える。琉球の各島々に住む住民が自らの自己決定権を行使して、州政府、州議会、州裁判所を樹立し、州憲法を制定する。琉球国における連邦政府の役割は、外交、経済・金融政策、治安等に限定される。

琉球は独立後、国際人権規約の締約国になるとともに、自らの憲法において、「自己決定権」条項を明記して、これを国として保障する。同時に、琉球の人々が主体になる内発的発展に基づいて経済活動を他国政府の介入を受けずに自由に展開する。また琉球国の憲法は「法の前の平等」を保障する。琉球国のマジョリティとなる琉球人だけでなく、その他の諸民族も「法の前の平等」が認められ、全ての民族が自由と平等を享受し、島内の平和と発展を実現する。

四　なぜ非武装中立国なのか

琉球は非武装中立の国になる。国内の治安維持のための警察は有するが、他国と戦争をする軍隊や軍事施設を一切持たない。琉球連邦共和国憲法の第1条を日本国憲法の第9条とし、世界に非戦をアピールする。また憲法に「非核条項」を入れて、核に関する武器、軍用機、潜水艦、発電所等を「持たず、作らず、持込ませない」という「非核三原則」を法制化する。

琉球は独立すると、内政権、外交権そして軍事権を保有することが可能になる。歴史的に戦争や基地が存在することによって多くの犠牲を受けた琉球は、自国に軍隊を保有しないという形で軍事権を行使する。小国が軍隊を持つと、国防エリート層が形成され、クーデター等により琉球国の国是とも言える「自由、平等、自己決定権、内発的発展」が侵される恐れがある。また島嶼に軍事基地が存在すると攻撃対象となり、海に囲まれた島で逃げ道のない住民は必然的に戦闘に巻き込まれ、多くの命が失われる。または軍隊の盾として利用され、軍事機密保持のため虐殺や集団強制死、老若男女住民の戦闘のための徴用という沖縄戦の悲劇が繰り返される。

1950年代、在日米軍基地が琉球に移設され、基地が拡大された。米政府はこれまで何度か在琉米軍基地の他所への移設を日本政府に打診したが、政府自らが拒否してきた。地政学的理由ではなく、日本政府の政治的理由つまり植民地主義によって米軍基地が琉球に設置されてきたのである。1955年にオネストジョン（核ロケット）の日本配備計画が国内の反基地運動により中止となり、沖縄島に配備された。核弾頭を搭載したナイキ・ハーキュリーズ（迎撃核ミサイル）が1959年に那覇で誤発射事故を起こしたこともあった。1960年に締結された日米安保条約において核持ち込みの事前協議の対象として琉球は含まれなかった。つまり、日本が核の「傘の恩恵」を受ける代わりに、核兵器を琉球に集中させることを日本政府が認めたのである。広島型原爆の70倍の威力があるメースBの配備に琉球立法院は反対したが、小坂善太郎外務大臣は米国務長官に対して「反対世論が高まるから配備を公表するな」と伝えた。結局、4つのメースB基地が設置されたが、1962年のキューバ危機において琉球も世界核戦争に巻き込まれる恐れがあった。1967年に約1300発の核兵器が琉球に配備されていた。1969年の沖縄返還合意において「核密約」が交わされ、有事において琉球に核を配備するために、嘉手納、那覇、辺野古の核弾薬庫の機能を維持することになった(3)。

日本政府は戦後一貫して米軍の軍事力を自国の抑止力とするために、琉球に犠牲を押し付ける政策を実施してきた。琉球が核戦争を含むあらゆる戦争に巻き込まれないためにも、日本から独立しなければならない。

琉球独立は、日本からの分離独立ではない。もともと日本とは異なる国であった琉球国を日本政府が消滅させたのであり、独立とは元の政治体制に戻ることを意味する。しかし琉球独立は琉球王国の復活ではない。21世紀型の、アジア太平洋や世界に開かれた、地域主権を重んじる連邦共和制の島嶼国になるだろう。非武装中立を国是とする琉球国は、自らが平和になるだけでなく、アジア太平洋全域に平和と安寧をもたらす「平和の創造者」となる。

琉球国は、近代国民国家のような国家主義に基づく国にはならない。琉球の人々の人権を抑圧する日本政府の植民地主義から解放されるために、国という政治的枠組みを使うのである。独立後は国家の抑圧機能を徹底的に排除した、立憲主義、主権在民に基づく国になる。独立すれば全ての問題が解決されるのではない。独立後も琉球の人々は内的自己決定権を行使し、内発的発展に基づく経済発展を実現し、個人の自由や平等が保障され、世界に開かれた国になるべく力強く歩むだろう。琉球人は既に琉球王国運営の経験や記憶があり、独立や新たな国づくりに躊躇しないというネイションの「歴史的心性」を有している。

五　新たなアジア型国際関係と琉球独立

近年、東アジアの研究者も琉球独立の運動や研究に関心を持つようになった。2013年、私は国立台湾大学で開催された東アジアにおける琉球の政治的地位に関するシンポジウムで報告する機会を得た。2014年、2016年には北京大学における学術会議で琉球の政治的地位、中国と琉球との関係等に関する報告を行った。さらに2014年には、琉球と韓国におけるシンポジウムでも米軍基地問題、日本の植民地主義問題、東アジアの中の琉球独立等に関して研究者同士による議論を行った。2015年、台湾で設立された中華琉球研究学会は、両地域における日本の植民地主義、「再皇民化」、軍事化等の諸問題について批判的に研究をしているが、同学会主催のシンポジウムでも報告、議論した。同研究学会は日本人研究者によって盗掘され、現在、国立台湾大学に保管されている台湾原住民族と琉球人の遺骨返還を要求、台湾立法院の高金素梅委員とともに展開している。

２０１６年、東アジア共同体沖縄（琉球）研究会が琉球人と日本人の研究者、ジャーナリスト等によって設立され、東アジア共同体論を踏まえて、米軍基地問題、中国脅威論、琉球独立、日本の政治的、軍事的なアメリカへの従属問題等について定期的にシンポジウムが開催されてきた。同研究会の顧問として、２０１７年に逝去された大田昌秀氏、鳩山友紀夫氏、西川潤氏等が就任した。東アジア共同体論とは、アメリカによる政治的、軍事的介入を取り除き、同地域の国や人々が対等な立場で協力、友好関係を形成すれば東アジア地域において平和が醸成され、さらなる経済発展が可能になるという考え方である。

私が日本各地において琉球独立に関して講演を行うと、必ず出される質問が「琉球が独立したら中国が琉球を侵略する」という中国脅威論である。私はこれまで北京大学、福建師範大学、国立台湾大学等において琉球の政治的地位をテーマとする学術会議に参加してきたが、その中で中国人・台湾人研究者は琉球独立に関して次のように述べていた(4)。

「琉球と、チベット自治区や新疆自治区とは違う。後者の地域の主権は中国の下にある。琉球は外藩であり独立国であったから、外国と条約を結ぶことができたのである。中国は琉球に対して主権をもたない。琉球が中国の一部になることはあり得ない。琉球併合は中国の朝貢・冊封関係と西欧体制との衝突の過程で発生した。日本の軍国主義も琉球併合から始まった」

「琉球国は明国、清国の朝貢・冊封国であったが、いわゆる中国の一部ではなく、李氏朝鮮、シャム、安南等と同じく主権を有した国であった。李鴻章は万国公法に基づいて琉球併合に反対しており、琉球が主権のある独立国であると認識していた」

「琉球の日本「復帰」は、日米両政府によるカイロ宣言、ポツダム宣言の違反となる。なぜなら、日本がこれらの国際法を受けて無条件降伏した際、自らの帝国主義によってアジア太平洋地域で獲得した領土の放棄が条件となっていたからである」

戦後、琉球が米軍統治下におかれていた頃、アメリカは世界最強の国であったが、東アジア諸国は多くの政治的問題、国内外での紛争、経済的混乱や停滞等に直面しており琉球の政治的地位の変更に関して支援をすることができなかった。しかし現在、東アジア諸国は経済開放、民主化を進展させ、政治経済的実力を培い、同地域において新しいアジア型国際関係を再構築することが可能になった。同時に、欧米型国際関係である日米安保体制を拠り所とするアメリカ、日本の介在を前提にせずとも、琉球の新たな政治的地位や脱植民地化についてアジアの研究者が議論する社会的環境も生まれたと言える。

1879年の琉球併合は、アジア型国際関係と欧米型国際関係との衝突過程で発生した。その後、日本はアジア太平洋地域において欧米諸国とともに帝国主義の中心的プレーヤーとなり、欧米型国際関係の論理に基づいて領土を拡張し、植民地支配によって政治経済的国力を増強しようとした。太平洋戦争後、日本の帝国主義的欲望は消失したかに思われたが、実際は現在までその欲望は生き続けている。日本政府は戦後も、日米安保体制を通して世界最大の国力を持つアメリカの力を利用しながらアジア太平洋のリーダーになろうとしてきた。日本は太平洋戦争後、アメリカに政治経済的、軍事的に大きく従属するようになったが、その従属性は日本の戦後帝国主義の偽装でしかない。アメリカという虎の威を借りた日本の帝国主義は安倍政権によってその本性を現しつつある。沖縄返還協定は、日米両政府だけで協議して決定したものであり、琉球政府、東アジア諸国はその話し合いの場に参加する機会が与えられなかった。同協定には有事における核兵器の持込み等の密約が含まれた。植民地が新たな政治的地位を獲得する際には、国連監視下で住民投票を行うことが国際法で保障されているが、琉球の場合はそれができなかった。よって琉球は現在も植民地のままなのである。

「復帰」後、琉球人は米軍基地の大幅な整理縮小、撤廃を求めたが、日本政府や日本国民の大部分によってその望みが拒否された。全ての日本国民の人権を保障するはずの日本国憲法の効力が琉球には及ばなかった。なぜなら日米地位協定の効力の方が、日本国憲法のそれを上回るという日米安保体制の中に琉球がおかれたからである。日米の軍事同盟関係が強化されればされるほど、琉球における軍事化、植民地化が増幅された。

琉球における独立運動は、国際法で保障され、国連の脱植民地化プロセスの柱とされている民族の自己決定権に基づいて行われている。しかし、日本のSNSを含むメディア、公安調査庁は、「琉球独立運動が中国によって操作されている」、「琉球独立後、中国が琉球を侵略する」というヘイト・スピーチによって独立運動を攻撃している。「中国が琉球を侵略する」という確たる根拠を持たない言説によって、国として独立することができる琉球人の権利を侵害している。先に指摘したように多くの中国人研究者は琉球国の主権を認めている。琉球と中国は500年以上も友好、協力関係を形成しており、中国による内政、外交等への直接的介入、支配はなかった。日中関係と琉中関係には大きな違いがあるのだ。仮に将来、中国が琉球を侵略した場合、中国は国連の常任理事国として正当性を失い、琉中間の友好的な関係という歴史的な遺産や、貿易、投資、観光等によって得られる利益をも手にすることができなくなる。さらに琉球独立という国内不安定要因を抱えることになろう。「領土侵略」という前世紀的な発想に基づく、机上の空論である中国脅威論こそ、日本人の思想、思考の貧困さを示し、日本人の心性から植民地主義が払拭されていないことを証左している。日本は1609年、1879年に琉球を侵略し、現在に至るまで植民地支配をしてきたが、自らの罪を覆い隠すために、官民ともに根拠のない中国脅威論を声高に挙げているのである。

六　結びに代えて――東アジア共同体の基軸としての琉球国

アジア型国際関係は、かつての朝貢・冊封関係から現代的なそれに大きく変化しつつある。現在、「海洋大国」化やミサイル実験等、中国や北朝鮮の軍事拡張の動きを確認することができる。他方で、我々は日本、韓国、台湾においても同様な軍拡現象を目の当たりにしている。東アジア諸国における軍拡競争は、アメリカとの対立または同盟によって引き起こされている。琉球は、日米による軍拡の現場である。日本、韓国、台湾における軍事力の増強は、中国、北朝鮮への脅威論をその根拠にしている。他方、中国や北朝鮮の軍事拡大は、アメリカ、日本、韓国、台湾への対抗措置として実施されてきた。

このような「悪の循環」の犠牲になるのは琉球のような植民地である。「悪の循環」を超克するには、もう一つの考え方が必要になる。それは、軍事力によって人間の生命や生活、人権を守ることはできないという生活者、住民の視点に基づく強靭な平和思想である。琉球人は、沖縄戦、米軍統治、「復帰」後の基地強制の経験から、このような認識を体得してきた。非武装中立国として琉球が独立し、東アジア共同体が形成されることで「悪の循環」から抜け出ることができる。新しいアジア型国際関係は、大国による干渉を受けず、国々の対等な政治的関係性に基づき、友好と協調の精神によってそれぞれの地域が平和や経済発展を実現できるような東アジア共同体になるだろう。

　このような新たなアジア型国際関係は、安重根氏が提示した、アジアの国々が対等な立場で独立し、交流するという「東洋平和論」の構想と重なり合う。安は未完の『東洋平和論』の中で次のように述べている。「現在、西洋の勢力が東洋へ押し寄せてくる災難を、東洋の人種は一致団結し、極力防御してこそ第一の上策であることは、幼い子供でもよく知っているところである。それなのにどうして日本は、この当然のことをかえりみず、同じ人種の隣国を削ぎ、友誼を断ち、白色人種に自らの漁父の利を与えるような争いをするのか。これによって韓国と清の両国民の希望が大きく断ち切られてしまった[5]」戦前、日本は欧米型国際秩序の中で漁父の利を得ようとしたが、その帝国主義は現在も続いており、東アジア共同体という新たなアジア型国際秩序の形成においても日本が阻害要因になっているのである。

　また次のような李大釗の「新アジア主義」の主張とも、新たなアジア型国際関係は重なり合う。「われわれは民族解放を基礎とし、抜本的改革を主張する。およそアジアの民族は、他人に併合されたものをすべて解放しなければならぬ。民族自決主義を実行し、しかる後、一大連合を結成し、欧・米の連合と鼎立し、共同して世界連邦を完成し、人類の幸福をいっそう進めねばならぬのである[6]」

新たなアジア型国際関係つまり東アジア共同体は、民族自決主義というマイノリティ・ナショナリズムを基盤としつつも、世界連邦形成に繋がるインターナショナリズムでなければならない。

これからも琉球が日本の一部のままであるなら、琉球は軍事基地がさらに増強され、基地被害に苦しみ、沖縄戦の悲劇が再来することが予想される。琉球が安全保障に関する権限を含む主権を持つ国になることで、琉球から軍事基地を撤廃することできる。琉球におかれた米軍基地のプレゼンスが、東アジア共同体形成の大きな阻害要因となっている。東アジア共同体成立の前提条件は、日米同盟の「犠牲の構造」から琉球が独立という形で脱却することにある。かつて琉球国は、朝貢・冊封関係に基づくアジア型国際関係から利益を得ながら平和な中継貿易国として存在することができた。琉球併合後、琉球は日本の植民地になり、多くの犠牲が押し付けられ、琉球人は日本人によって差別されるようになった。

琉球人は日本の植民地から脱するための自己決定権を持っている。日本から琉球は分離独立するのではなく、復国する。1879年前まで琉球は独立国なのであり、それまで日本の領土の一部であったことはない。新たな国は王制ではなく、連邦共和制の国になる。かつてアジア型国際関係の中で琉球国が存在できたように、新たな琉球国は東アジア共同体から政治的、経済的、社会的影響を受けながら、平和と発展のセンターとして独自な存在感を示すに違いない。琉球独立・復国は、日米同盟体制の地政学的欲望によって強制された様々な犠牲を琉球人自身の手で取り除くことを目的としている。その過程で琉球は欧米型国際関係の中の植民地から、東アジア共同体における平和創造のセンターへと移行するだろう。

註

(1) ナショナル・マイノリティについては、ウィル・キムリッカ(2012)『土着語の政治』法政大学出版局が詳しい。

(2) 琉球独立については松島泰勝の次の著作を参考にされたい。単著として『沖縄島嶼経済史』藤原書店、2002年、『琉球の「自治」』藤原書店、2006年、『ミクロネシア』早稲田大学出版部、2008年、『琉球独立への道』法律文化社、2012年、『琉球独立論』バジリコ、2013年、『琉球独立』Ryukyu企画、2013年、『琉球独立宣言』講談社文庫、2015年、『琉球独立への経済学』法律文化社、2016年。鳩山友紀夫・大田昌秀・松島泰勝・木村朗編著『沖縄謀反』かもがわ出版、2017年、金城実・松島泰勝『琉球独立は可能か』解放出版社、2018年1月出版予定

(3) NHK番組「沖縄と核」2017年9月10日

(4) 松島泰勝(2014)『琉球独立』Ryukyu企画、2013年、74〜80頁

(5) 安重根「東洋平和論」(李泰鎮、安重根ハルビン学会編『安重根と東洋平和論』日本評論社)、416頁

(6) 李大釗「大アジア主義と新アジア主義」(山田慶児編『中国革命』筑摩書房、1970年)、191頁

六　終章

17 沖縄（琉球）差別の起源と沖縄問題の本質を問う
——グローバル・ファシズムへの抵抗と植民地主義への告発

木村　朗

はじめに

現在の安倍政権は平和国家から戦争国家への転換（民主主義からファシズムへの移行）、すなわち日本の経済的停滞と隣国（中国・北朝鮮）の脅威、そして国際的孤立という「国難」を打破するために「戦前回帰」志向の色濃い「富国強兵」「軍民一体化」という「軍国主義復活」につながる軍事大国化路線を「積極的平和主義」と称して強引に推し進めようとしている。そこには、過去の朝鮮半島や台湾などに対する植民地支配、中国やフィリピン・ベトナム・シンガポールなど東南アジア諸国への侵略戦争といった日本帝国主義が犯した大きな誤り・戦争犯罪に対する自覚・反省が完全に欠如している。そのことは、２０１８年の明治維新１５０年を礼賛して改憲路線に勢いをつけようとしている安倍政権の姿勢にも露骨にあらわれているといえよう。

また、１９９０年代半ばからの「失われた20年」と「第二の逆コース」といわれる状況の中で、次第に偏狭な排外主義的ナショナリズムが台頭し、2001年の9・11事件と2011年の3・11（東日本大震災）とフクシマ（福島第一原発事故）以降、戦争賛美と軍事化、情報操作と言論統制、盗聴と監視、ヘイト・スピーチとヘイトクライムの横行といった傾向がさらに加速化されるにいたっている。それはまさに世界的規模での戦争国家・警察国家化、強欲（金融）資本主義と新自由主義による社会の分断・二極化と人間の奴隷化であり、そうした時代状況をグローバル・ファシズムの到来としてとらえることができる。

そこで本章では、特に、グローバル・ファシズムとの関連で偏狭な排外主義的ナショナリズム台頭の背景・原因を問うとともに、日本の植民地主義とアイヌ・沖縄（琉球）差別の根源、とりわけ沖縄問題とは何かを中心に探ることにしたい。

一　明治維新150年を祝う安倍政権への違和感
――手放しの『明治礼賛』でいいのか

安倍政権の狙いは、「明治150年は、我が国にとって一つの大きな節目。明治の精神に学ぶ、日本の強みを再認識することは極めて重要だ」との菅義偉官房長官の2016年10月7日の記者会見での言葉に端的にあらわれている。

それは、日清・日露という2度の帝国主義戦争に勝利して西洋列強の仲間入りを果たした明治時代を「栄光の時代」「日本の誇り」とする一方で、アジア太平洋戦争の敗戦の結果、平和国家・民主国家として再出発した戦後日本の歩みを全否定する意味合いを持っている。

また同時に、「戦後レジームからの脱却」、すなわち「国民主権」の「日本国憲法」を否定して「天皇主権」の「大日本帝国憲法」を称賛する安倍首相の「歴史修正主義」に基づく歴史認識を前提とする時代錯誤的な改憲への意思をあからさまに表明したものに他ならない。

そして、大正から昭和にかけての天皇親政による明治精神への回帰運動に見られた、欧米列強と比肩する強国を目指すという外圧を口実とした国威（ナショナリズム）発揚の動きとの重なりも指摘できる。中国や北朝鮮の脅威をことさら強調するのもそのあらわれだ。手放しの「明治礼賛」「維新称賛」「明治ブーム」が顕著に見られることは、いまの日本が大変危うい岐路に立たされていることを示している。

やがて明治維新を迎える幕末と第二次大戦に向かう時期、そして現在の日本の置かれている時代状況には多くの共通点・類似点があるといえよう。

ここでの最大の問題は、歴史認識の歪曲・ねつ造、すなわち自国にとって不都合な歴史的事実の忘却である。日本が列強の植民地になるのではとの危機感から過剰な軍備拡張路線を選択して「アジアで唯一の帝国主義国家」になった結果、アジア諸国への「侵略」と「植民地支配」を行ったという自国の歴史の負の側面を直視しようとしない姿勢である[1]。

こうした歴史認識の歪みは、国内的には、明治維新において長州藩・薩摩藩を中心とする新政府軍から「賊軍」の汚名を着せられて過酷な弾圧を受けた会津藩の悲劇やアイヌ・琉球に対する徹底的な差別と一方的な犠牲の強制という問題にも見られる。

特に琉球・沖縄問題では、明治維新を契機に行われた2次にわたる「琉球処分」という名の「琉球併合」(1872年の琉球王国の滅亡と「琉球藩設置」、1879年の「沖縄県」の設置)、本土防衛・国体護持のための捨て石作戦であった沖縄戦、1952年4月28日のサンフランシスコ講和条約による沖縄諸島などの日本(本土)からの切り離し(その沖縄にとっての「屈辱の日」を安倍政権はこともあろうに、2013年4月28日に「主権回復の日」として祝った)、戦後70年以上におよぶ米軍基地の過重負担の押し付け、という琉球・沖縄を植民地同様に扱ってきた差別・抑圧政策に対する歴史認識が完全に欠如している。

筆者の在住する鹿児島でも、「明治150年」を、市民の郷土「鹿児島」への誇りと愛着の醸成という視点から祝うさまざまな事業(NHKの大河ドラマ「西郷どん」放映もその一環)が予定されているが、1609年の薩摩による琉球侵攻や「琉球併合」を自己批判的に見直すという問題認識・姿勢はまったく見られないのが現実である。

最後に、もう一つの懸念に触れておく。それは、50年前に安倍首相と同じ長州(山口出身の佐藤政権が行った、「明治百年記念式典」への強い反発と懸念が今回はあまり見られないということだ。このとき政府が企画した明治維新100年記念行事に対し、歴史学界の多くは反対声明を出すなど、日本の近代化の「侵略戦争」の関係国論を2分するほどの激しい論争が行われたというが、今回はそうした動きが極めて弱いのがまさに危機である。

安倍政権下の「排外主義的ナショナリズム」の蔓延や「脱亜入欧」「富国強兵」という大国主義・軍国主義路線を、「開かれた地域主義」「アジアとの共生（東アジア共同体の構築）」「脱米入亜」「脱大日本主義」という方向に180度転換すべきである。(2)

我々がいまやるべきことは、明治維新の精神ではなく戦後民主主義の原点に立ち戻って人権と平和の基本原理を問い直すことであろう。そして、日本が同じ過ちを繰り返さないためにも、日本のこれまでの歴史を負の側面を含めて直視することが何よりもいま求められているといえよう。

二　グローバル・ファシズムの到来と暗転する時代状況に抗して

安倍政権は、2015年12月6日の特定秘密保護法案の強行採決、2016年7月1日には集団的自衛権の行使を容認する解釈改憲を閣議決定に続き、多くの国民が反対する違憲・違法の戦争法（「安保法制」）を強行した。沖縄の基地問題でも、日米同盟の再構築を自明の前提に、圧倒的多数の沖縄県民が反対する辺野古への新基地建設と高江でのヘリパッド建設を何としてでも実現させる姿勢を強めている。このような民意を無視した強権的手法は違憲であることは明らかであり、近代立憲主義の否定と議会制民主主義の破壊に他ならない。現在の日本の状況は、まさに「グローバル・ファシズム」の台頭によって新たな戦争の危機に直面しているといってよい。権力とメディアが一体化して行う情報操作によって排外主義的ナショナリズムが煽られ、その結果、異論を許さないような集団同調主義が急速に強まり、危険な大翼賛体制が出現しつつある。(3)

現在の時代状況は、1930年代の戦争とファシズムの時代、あるいは第二次大戦直後に朝鮮戦争が勃発して日米両国でマッカーシズムと赤狩り旋風が吹き荒れた時期と多くの点で重なる。敗戦からすでに70年以上が過ぎ、近年では戦後民主主義や平和憲法を否定的にとらえ、東京裁判史観を自虐史観として一方的に糾弾・排斥する論調や歴史認識が蔓延している。そればかりでなく、2001年の9・11事件以降の世界は急速に戦争ムード一色となり、冷戦に代わって「テロとの戦い」が立ち上げられるなかで深刻な人権侵害と言論弾圧が生じている。

そして、新自由主義・新保守主義を2本柱とするグローバリゼーションを背景に、世界的な規模で戦争国家、警察国家、監視社会、格差社会（新しい身分・階級社会）への道が開かれようとしている。いまや時代は急速に右旋回しており、私たちは戦後最大の岐路に立たされていると言っても過言ではない。

とりわけ1999年以降の日本は、戦後民主主義・平和主義が急速に崩壊して権力（国家）と資本（企業）が暴走し始めている。「改革」「安全」をキーワードにして国家主義・軍国主義と市場万能主義・拝金主義という濁流があふれ出し、その勢いが一気に加速化されようとしている状況にある。こうした危機的な混沌状況のなかで、民衆が権力・メディアの煽動と情報操作に乗せられて弱者や体制批判者を徹底的に痛めつけ、異論を許さないような集団同調主義、「物言えば唇寒し」という風潮がますます強まり、1930年代と酷似した戦時翼賛体制の出現、戦争前夜とファシズムの到来が囁かれている。(4)

北朝鮮による核・ミサイル問題をめぐる米日韓3か国との緊張、尖閣諸島問題をめぐる中国との対立、慰安婦（戦時性奴隷）問題など歴史認識をめぐる韓国との摩擦など、日本と周辺諸国との関係も急速に悪化している。こうした国際情勢悪化の背景には、米日韓3か国、とりわけ日本での中国・北朝鮮脅威論の台頭がある。しかし、ここで重要なのは、東アジア情勢を全般的に見渡した時に、虚構の抑止力論に基づく日米安保体制および事実上の米日韓3国同盟（＝「アジア版NATO」）は東アジアに平和と安定をもたらすのではなく、逆に平和を破壊し戦争を誘発する最大の脅威・不安定要因になっているという視点である。(5)

また、日本国内でも新大久保や鶴橋などを中心としたヘイト・スピーチや、選挙時における日の丸の乱舞などに見られるように、集団同調主義が強まり偏狭なナショナリズムが蔓延している。こうした傾向に拍車をかけているのが、権力の番犬に成り下がって民衆を扇動する大手マスコミの存在である。

そして、こうした状況を日本にもたらしたのは、1990年代以降、とりわけ3・11（東日本大震災・福島原発事故）以後の政府・国会の機能不全（あるいは政党・政治家、官僚の無責任・無能力）と司法の劣化（特に検察の暴走）である。それと同時に、政治・社会問題（特に他者・弱者）にずっと無知・無関心で有り続けてきた私たち多くの国民のあり方も問題であったことは言うまでもない。

安倍政権は、防衛費を増額して自衛隊を強化し米軍との一体化をさらに深化・拡大しようとしている。そればかりでなく、秘密だらけのTPP交渉への正式に参加するとともに（トランプ政権による米国離脱後も日本の基本姿勢は変わらず）、原発再稼働・海外輸出という日本社会を崩壊させる方向へと大きく舵を切ろうとしている。このままでは、福田康夫元首相の「国家の破滅に近づいている」との発言のように、日本は経済的に破綻するだけでなく、主権を完全に喪失しかねない。また、集団的自衛権行使を政府解釈変更によって容認した安保法制の成立によって明文改憲を待たずして、海外での米国が主導する先制攻撃戦略に基づく違法な侵略戦争に自衛隊が加担する日も目前に迫っている。また、エドワード・スノーデンが暴露したように、国民の知る

権利や言論の自由を制限する警察国家・監視社会をもたらすような流れも密かに進められようとしている。(6)

このような新自由主義・新保守主義（新国家主義）的な動きを容認・放置するならば、多くの国民が貧困と抑圧に苦しむことになる新しいファシズムの到来を招くばかりでなく、再び戦争の災厄が日本とアジアにもたらされることは明らかだ。私たちは、再び戦前と同じような戦争とファシズムへの道を歩むのか、それとも平和で民主的な開かれた社会をめざすのか、という歴史の決定的な岐路に立たされている。まさにいまの日本は未曾有の国家的危機のただ中にあり、真の民主主義国家なのか、独立主権国家なのかという根本問題が問われているのである。

三　構造的沖縄差別とは何か
――沖縄ヘイト・スピーチと沖縄（琉球）差別を超えて

1　沖縄ヘイト・スピーチの根源を問う

沖縄（琉球）差別とヘイト・スピーチの根源には、マイノリティー（少数者・弱者など）への差別と国策への反対者・異議申し立て者への攻撃という二側面がある。

また、日本の植民地主義には対内的なアイヌ差別・沖縄（琉球）差別と対外的なアジア蔑視・差別という二側面がある。そして、こうした二重の差別・植民地主義を助長・拡大させる要因となっているのが米国の植民地主義、米国による日本支配である。こうした差別・植民地主義を沖縄（琉球）に焦点を当てて具体的に考えれば、次のような米国―日本―沖縄（琉球）という複雑な構図が浮かび上がってくる。

すなわち、戦後の日本では米軍による占領が一貫して続いており、日本が米国の属国・植民地であることは自明の事実である。また、沖縄は米国直轄の軍事植民地であると同時に、日本の国内植民地でもある。そして、「構造的沖縄差別」とは、まさに沖縄が「米国と日本本土（ヤマト）による二重の植民地支配」に置かれ続けていることを示しているといえよう。

戦後の日本は一度として真の意味での独立国家・民主国家であったことはないというのは周知の冷厳な事実である。１９５９年の砂川判決を安保法制の正当化に用いたばかりでなく、日米安保条約の締結を強制された１９５２年４月28日の「屈辱的な日」を「主権回復の記念日」として祝った現在の安倍政権の立ち位置はまさに日本が独立国家・民主国家でもないことを如実にあらわしている。

また日米安保体制の本質は、日本の米国への「自発的従属」にある。それを物語っているのが、自国の憲法の上位に日米安保条約・日米地位協定（旧日米行政協定）を置き、日米合同委員会に

よる実質的な統治を進んで受け入れている日本の今日の姿である。(7)

そうした状況のなかで、沖縄問題とは、沖縄独自の問題であるというよりも、日米両国の問題、いな際限のない対米従属下で主権を放棄し続けている日本問題であることが徐々に明らかになっている。

こうした米国—日本—沖縄（琉球）という歪んだ三者関係の実態を明らかにし、その克服のための具体的方策と方向性を探求することを課題として昨年（2016年）9月9日に琉球大学で設立されたのが、東アジア共同体・沖縄（琉球）研究会である（琉球大学の高良鉄美氏と筆者・木村が共同代表、本書の共編者・執筆者である前田と松島が共同副代表）。その設立宣言には、以下のように二重の意味での植民地主義の克服を重要課題として提起している。

「戦後日本はアジア太平洋地域への歴史的課題の忘却と沖縄への過重負担の一方的押しつけという構造的差別を前提として成り立ってきたと言っても過言ではない。今こそ日本は脱植民地化の道を進めると同時に日本人の内なる植民地主義を克服しなければならない(8)」。

また言うまでもなくその歴史的起源はかなり古く、少なくとも1872〜1879年の「琉球処分」という名の「琉球併合」、1874年の台湾出兵、1875年の江華島事件、日清戦争、日露戦争、朝鮮の保護国化（1905年）と完全併合（1910年）へと歴史を遡らなければならない。その日本のアジア侵略の踏み台・拠点とされ、アジア太平洋戦争末期に悲惨な沖縄戦の体験を強いられることになったのが沖縄であった。

戦後の日本は、当時の吉田茂首相が1952年4月28日にサンフランシスコ・二条約（講和条約と日米安保条約）を締結することで「独立」を回復して国際社会に復帰すると同時に、米国の軍事力に基本的に自国の安全保障をゆだね、その代わりに戦後復興と経済発展に専念する道を選択した。しかし、吉田路線の負の遺産は、(1)対米従属という自主性の喪失、(2)アジアの忘却と沖縄への差別・犠牲、(3)法治主義の腐食・揺らぎという3つの点にあらわれており、その代償は大きなものであった。

特に、第2番目の負の遺産であるアジアの忘却と沖縄への差別・犠牲は、戦争責任および戦後責任の放棄という問題と密接な関係がある。日本は、冷戦開始を契機とする米国の政策転換によって、戦前の最高指導者であった昭和天皇をはじめ、岸信介元首相など一部のA級戦犯容疑者が免責されたばかりでなく、講和会議に臨んだ米国の強い意思で当然行うべきであった賠償責任さえも、負わずにすむという「幸運」に恵まれた。こうした「幸運」には、東京裁判で、米軍が行った原爆投下や東京大空襲などとともに、日本軍が行った細菌戦・人体実験や強制連行・従軍慰安婦（＝戦時性奴隷）などの重大な戦争犯罪が断罪されなかったことや、朝鮮戦争やベトナム戦争で日本が「享受」した特需景気等も加えられよう。

この結果、戦後の日本は過去の清算、すなわち侵略戦争や植民地支配への真摯な反省・謝罪と、日本人の手による戦犯の追及・処罰、被害国・被害者に対する国家および個人レベルでの適切な賠償・補償という最も大切なけじめをつけなかったことが、今日にいたるまで重大な禍根を残すことになったのである。

今日でもアジアの多くの民衆から不信と警戒の目でみられ、国内ではそれに反発する形で戦前回帰の動きが急速に強まっている根本原因も、東京裁判での昭和天皇の免責と新憲法における象徴天皇制の導入、日本および日本人自身による戦犯処罰や戦後処理・過去清算の欠如、という形で「戦前との連続」を色濃くのこすことになった戦後日本の出発点のあり方にあることは明白であろう。

また沖縄は、講和条約によって日本が独立した後も米軍の過酷な占領下におかれ続けたばかりでなく、1972年の本土復帰後も「米国と日本本土（ヤマト）による二重の占領・植民地支配」が形を変えて継続することになった。1995年の米兵による沖縄少女暴行事件や、2004年8月13日の沖縄国際大学への米軍ヘリ墜落事件等に見られるように、在日米軍基地の過度の集中という過酷な現実に苦しむ沖縄（琉球）の人々の声に真摯に耳を傾けようとしない日本政府（および米国政府）と、日本本土の人々の冷淡さ・差別の原点がここにあるという冷厳な歴史的事実を今こそ直視しなければならない。

そして、このような歴史的な背景を振り返ってみるとき、沖縄の人々が一番望んだのは、「軍隊を置いたら逆に周辺の大国から狙われて、危険を招く恐れがあるから、この小さな島には軍隊はいっさいいらない」という2017年6月12日に永眠された大田昌秀元沖縄県知事の遺言ともいうべきこの言葉の重さがひしひしと感じられる。(9)

2 日本本土と沖縄の関係性見直しの提起 ――「構造的沖縄差別」から「沖縄の自己決定権」へ

沖縄の民意に沿う形での「最低でも県外移設、できれば国外移設」という方針を掲げて普天間基地問題に取り組んだ鳩山民主党政権の崩壊から菅・野田両政権を経て再び登場した第二次安倍政権登場以降、沖縄では2012〜13年のオスプレイの強行配備、そして辺野古への新基地建設強行などの事態を受けて「構造的沖縄差別」という言葉が定着した。そして、沖縄のアイデンティティー、「沖縄の自己決定権」、あるいは沖縄（琉球）の独立という主張・選択肢が静かながらも確かな底流として生まれている。(10)

沖縄県の翁長雄志知事が、2015年9月21日にスイス・ジュネーブで開かれた国連人権理事会で、「沖縄の人々は、自己決定権や人権をないがしろにされている」「米軍基地の集中は人権侵害」と表明した。また、この間の安倍政権による辺野古新基地建設強行を「強権ここに極まれり」

と糾弾してもいる。その翁長知事は、那覇市長時代の2013年1月に、オール沖縄の代表団団長としてオスプレイ強行配備への反対や日米地位協定改定などを要求する「建白書」を携えて上京した際に、「お前たちは日本人じゃない！」「非国民！」「売国奴！」「ゴキブリ！」「スパイ！」といったヘイト・スピーチ、侮蔑的な言葉が自分たちに容赦なく浴びせられたという体験をしている。その時の屈辱を翁長さんだけでなく沖縄の人々は深く胸に刻んで決して忘れていない。

また2013年11月25日、その辺野古問題で県外移設を公約して当選した自民党選出の5人の国会議員が、自民党本部の圧力で壇上に並べさせられて、当時の石破茂幹事長に辺野古移設を容認する選択を強制されてうなだれている姿を目撃した沖縄の人々は、この時も沖縄差別に対する深い憤りを覚えたといわれる。そして、安倍政権が、沖縄が日本から切り離された、沖縄にとっては「屈辱の日」とされている4月28日を「主権回復の日」として2013年に祝ったということにも沖縄の人々は当然ながら強く反発した。そして本土の大手メディアは、このような沖縄のおかれている深刻な状況をほとんど伝えないため、本土の多くの人々は沖縄の問題に無関心で実情を知らぬままである。これはまさに沖縄に対する根本的な認識の誤りと理解不足をあらわしており、「内なる（無意識の）植民地主義」が政府、与党だけでなく、本土の私たち一般市民の中にも深く根付いていることを物語っている。(11)

さらに、沖縄の民意を踏みにじる形で日米両政府が行った2012年から翌13年にかけて「未亡人製造機」とも揶揄される欠陥機オスプレイ24機の「世界一危険な米軍基地」と言われる沖縄・普天間基地への強行配備という蛮行は、あまりにも理不尽かつ不条理な仕打ちである。そのオスプレイは、2016年12月13日に沖縄県沖で「墜落」事故（日本政府と本土メディアは「不時着」事故と公表・報道した！）を起こすと同時に、同日、普天間飛行場に別のオスプレイの機体が胴体着陸を行っている。2017年1月28日にも、中東のイエメンで米軍がイスラム過激派を攻撃中に、米海兵隊のオスプレイ1機が墜落し、3人の負傷者が出る事故が起きている。そして、8月6日に普天間基地所属の垂直離着陸輸送機MV22オスプレイが現地時間のオーストラリア沖合に墜落し乗組員3人が死亡する重大事故を起こしている。

米軍機による事故が相次ぐかたちで起きたにもかかわらず、沖縄県民からの抗議の声を無視して、米軍は何事もなかったかのように早期の訓練（事故の原因となった危険な空中給油訓練を含む）再開に踏み切り、日本政府はかたちだけは訓練自粛要請をしたが、事実上容認している有様である。その一方で、北海道で8月に実施された米海兵隊と陸上自衛隊の日米共同演習では当初から想定されていたオスプレイの参加が見送られたことに対しても、沖縄から二重基準・差別であるとの強い怒りと嘆きの声が上がったことにも注目すべきである。(12)

その後も、オスプレイの事故（大分空港への緊急着陸）が8月29日に再び起きたばかりか、10月15日には沖縄県東村高江の民有地に米軍の大型ヘリコプターCH53Eが不時着・炎上する事故が相次ぐなどの異常事態が続いている。

このような沖縄のおかれている深刻な状況を本土の大手メディアはほとんど伝えず、そのためもあって本土の多くの人びとは沖縄の問題に無関心で実情を知らぬままである。これはまさに沖縄に対する根本的な認識の誤りと理解不足をあらわしており、「内なる（無意識の）植民地主義」が政府、与党だけでなく、本土の私たち一般市民の中にも深く根付いていることを物語っている。

沖縄の基地問題は、安全保障の問題である以上に、人権、民主主義の問題である。そうした本質を理解しようとせず、日米安保体制を容認する立場からまさに他人事のように「辺野古への普天間基地移設や高江でのヘリパッド建設は仕方がない」とする日本本土の人々の歪んだ「常識」こそが、あらためて問われている。

権力とメディアが一体化した言論統制・情報操作によって不可視化されてはいるが、基地建設反対運動の中心的存在であった山城博治沖縄平和運動センター議長の5カ月もの不当逮捕・長期勾留にみられるような事態が沖縄でいま起きている。これは「緊急事態条項」や「共謀罪」の先取りと言ってもよい。沖縄の辺野古・高江などの現場での全国各地から動員された機動隊や海上保安庁などによる反対運動圧殺のための暴力はすでに許容限度を超えている。法の支配を根本から否定する、このような無法・理不尽を我々は決して許してはならない。沖縄での異常事態は、まさに近未来の日本本土の姿でもあることを私たちは直視すべきである。(13)

こうした「米国と日本本土による二重の植民地支配」という現状を根本的に改めるためには、日本の二重の意味での脱植民地化、すなわち日本が「米国の属国」から脱して真の独立を達成するとともに、沖縄の自己決定権を尊重する方向でこれまでの日本本土と沖縄との不平等な支配・従属関係を根本的に見直すことがいまこそ必要であろう。

現在の日本本土と沖縄との関係性が象徴的にあらわれているのが米軍基地の一方的押しつけという構造的沖縄（琉球）差別であり、と沖縄の人々へのヘイト・スピーチを行うグループの登場であるのはいうまでもない。こうした現状を容認している日本本土の多くの無自覚な人々の存在とそこに潜む「差別意識」と「排除思想」が根本的に問われなければならない。

その点で、「沖縄の怒り」の爆発の予感、すなわちいまの沖縄の人々が重大な岐路に立たされており人間の尊厳を守るための覚悟を決めつつあることを、私を含む日本本土の人々が真の意味で自覚していないことが最大の問題である。[14] 私を含む日本本土の人間は、沖縄の多くの人々の、沖縄戦での筆舌に尽くしがたい凄惨な体験や「琉球処分（琉球併合）」以来続けられてきた積年の沖縄差別の根本的解消を訴える声、すなわち日本本土の人々の中にある無意識の植民地主義（根拠なき優越意識とそれと裏腹の蔑視・差別意識）への告発にいまこそ真剣に耳を傾けなければならない。このままでは、日本本土が沖縄に見捨てられる日も遠くないといえよう。[15]

註

（1）月刊雑誌「アエラ」8月7日号に掲載されている筆者のコメントを参照。

（2）鳩山友紀夫著『脱 大日本主義：「成熟の時代」の国のかたち』（平凡社新書）2017年、を参照。

（3）前田朗／木村朗の共編著『21世紀のグローバル・ファシズム～侵略戦争と暗黒社会を許さないために～』耕文社、2013年、を参照。

（4）具島兼三郎著『ファシズム』（岩波新書）1947年、想田和弘、白井 聡、森 達也、海渡雄一、山口二郎、熊野直樹、川内博史各氏と私の共編著『「開戦前夜」のファシズムに抗して』かもがわ出版、2015年、などを参照。

（5）進藤榮一／木村朗・共同編著『中国・北朝鮮脅威論を超えて―東アジア不戦共同体の構築』耕文社、2017年、を参照

（6）小笠原みどり著『スノーデン、監視社会の恐怖を語る 独占インタビュー全記録』毎日新聞出版、2016年、およびスノーデン他著『スノーデン 日本への警告』（集英社新書）2017年、を参照。

（7）孫崎享／木村 朗 共編著『終わらない〈占領〉：対米自立と日米安保見直しを提言する！』法律文化社、2013年、鳩山友紀夫／白井聡／木村朗・共著『誰がこの国を動かしているのか』（詩想社新書）2016年、ガバン・マコーマック著『属国―米国の抱擁とアジアでの孤立』凱風社、2008年、孫崎享／鳩山由紀夫／植草一秀『「対米従属」という宿痾』飛鳥新社、2013年、松竹伸幸著『対米従属の謎：どうしたら自立できるか』（平凡社新書）2017年、猿田佐世著『自発的対米従属 知られざる「ワシントン拡声器」』（角川新書）2017年、前泊博盛 著・編集『本当は憲法より

大切な「日米地位協定入門」』創元社、2013年、吉田敏浩著『「日米合同委員会」の研究：謎の権力構造の正体に迫る』創元社、2016年、矢部宏二『知ってはいけない 隠された日本支配の構造』（講談社現代新書）2017年、などを参照。

（8）東アジア共同体・沖縄（琉球）研究会のHPブログ http://east-asian-community-okinawa.hatenablog.com/、を参照。

（9）大田昌秀／鳩山友紀夫／松島泰勝／木村朗　共著『沖縄謀反』かもがわ出版、2017年、20頁、を参照。

（10）喜納昌吉『沖縄の自己決定論　地球の涙に虹がかかるまで』未来社、2010年、新崎盛暉『新崎盛暉が説く構造的沖縄差別』高文研、2012年、新垣毅著・琉球新報社編『沖縄の自己決定権』高文研、2015年、松島泰勝著『実現可能な五つの方法 琉球独立宣言』（講談社文庫）2015年、などを参照。

（11）この問題を沖縄の側から提起した著作として、目取真俊『沖縄「戦後」ゼロ年』（生活人新書）NHK出版、2005年、野村浩也『無意識の植民地主義―日本人の米軍基地と沖縄人』御茶の水書房、2005年、知念ウシ『ウシがゆく―植民地主義を探検し、私をさがす旅』沖縄タイムス社、2010年、知念ウシ／桃原一彦／赤嶺ゆかり／與儀秀武『沖縄、脱植民地への胎動』未来社、2014年、などがある。また、日本本土の側からは、高橋哲哉『沖縄の米軍基地　―「県外移設」を考える』（集英社新書）2015年、辺見庸／目取真俊『沖縄と国家』（角川新書）2017年、などを参照。また、日本の植民地主義とアジア諸国との関係の見直しの関連では、徐勝（編集，原著）／前田朗（編集）『文明と野蛮を超えて―わたしたちの東アジア歴史・人権・平和宣言』かもがわ出版、2011年、辺見庸『完全版 1★9★3★7 イクミナ（上）（下）』（角川文庫）2016年、などを参照。

（12）「オスプレイ、北海道訓練先延ばし　県幹部、沖縄との落差嘆く」「琉球新報」2017年8月11日付。

（13）この沖縄問題の根本的解決に向けて大きな鍵を握っているのが2009年夏の政権交代で登場した鳩山民主党政権が提起した「東アジア共同体構想」とその理論的背景となった「常時駐留無き安保（有事駐留）論である。詳しくは、拙稿「鳩山政権崩壊と東アジア共同体構想――新しいアジア外交と安保・基地政策を中心に」、進藤榮一／木村朗・共編著『沖縄自立と東アジア共同体』花伝社、2016年、に所収、を参照。

（14）ガバン・マコーマック／乗松聡子『沖縄の〝怒〟―日米への抵抗』法律文化社、2013年、を参照。

（15）TOKYO MX『ニュース女子』による捏造と差別問題について、放送倫理検証委員会（BPO）は2017年12月20日に意見書を公表した（本書148頁参照）。意見書は番組における多数の問題点を指摘し、「TOKYO MXには重大な放送倫理違反があった」と認定した。これにより、放送業界においては責任の所在が明確にされた。しかし、インターネット上では差別情報が拡散されたままであり、被害は継続している。捏造と差別の責任者であるディレクターや番組出演者の責任は具体的には問われていない。琉球（沖縄）や在日朝鮮人に対する差別とヘイトの克服のために、BPOのみならず、社会的な対処が必要である。

●執筆者プロフィール

新垣毅（あらかき・つよし）：１９７１年沖縄那覇市生れ。琉球大学卒、法政大学大学院修士課程修了。琉球新報社社会部デスク、文化部記者兼編集委員などを経て、東京支社報道部長。主な著書に『沖縄の自己決定権』（高文研）『沖縄自立と東アジア共同体』（共著、花伝社）等。

石原真衣（いしはら・まい）：北海道札幌市生れ。北海道大学大学院文学研究科博士後期課程在学。専攻は文化人類学。母方の祖母が平取町荷負出身のアイヌ。質を変えて世代間継承される「痛み」について植民地主義的な過去とそこからつらなる現在という観点から研究を進め、現在は博士論文を執筆中。

香山リカ（かやま・りか）：１９６０年北海道生れ。精神科医・立教大学現代心理学部教授。豊富な臨床経験を活かして、現代社会を分析。『「いじめ」や「差別」をなくすためにできること』（ちくまプリマー新書）『ヒューマンライツ——人権をめぐる旅へ』（ころから）など著書多数。

金東鶴（きむ・とんはく）：１９６８年京都生れ。在日本朝鮮人人権協会副会長兼事務局長。主な著書に『在日朝鮮人の歴史と文化』（共著、明石書店）『なぜ、いまヘイト・スピーチなのか——差別、暴力、脅迫、迫害』（共著、三一書房）等。

島袋純（しまぶくろ・じゅん）：１９６１年那覇市生れ。琉球大学教授、行政学・地方自治論を専門とする。２０１４年より国連へ沖縄の人権問題を訴えるための研究および活動を始め、現在、沖縄国際人権法研究会共同代表。主な業績として『「沖縄振興体制」を問う』（法律文化社）『沖縄が問う日本の安全保障』（岩波書店）。

清水裕二（しみず・ゆうじ）：北大開示文書研究会共同代表、コタンの会代表。アイヌ遺骨返還訴訟の和解により、アイヌ民族の代表に一部の遺骨が返還されることとなり、受け皿としてコタンの会結成。２０１７年

10月、コタンの会は北海道大学を相手に新ひだか町の遺骨返還を求めて提訴中。共著に『アイヌの遺骨はコタンの土へ』(緑風出版)。

辛淑玉(しん・すご):在日朝鮮人3世の人材育成コンサルタント、のりこえねっと共同代表。主な著書に『怒りの方法』『悪あがきのすすめ』(以上岩波新書)『ヘイトスピーチって何? レイシズムってどんなこと?』(七つ森書館)『差別と日本人』(共著、角川oneテーマ21)等。

高良沙哉(たから・さちか):沖縄大学准教授(憲法学)。平和主義、軍人による性暴力問題に取り組む。主著・論文に『「慰安婦」問題と戦時性暴力』(法律文化社)『ピンポイントでわかる自衛隊明文改憲の論点——だまされるな! 怪しい明文改憲』(現代人文社)、「憲法の掲げる平和主義と自衛隊の強化」沖縄大学地域研究第18号等。

中野敏男(なかの・としお):1950年東京生れ。東京外国語大学名誉教授。思想史研究の立場から総力戦体制と自発性の動員、継続する植民地主義などを考えてきている。主な単著に『大塚久雄と丸山眞男』(青土社)『詩歌と戦争』(NHK出版)、編著に『継続する植民地主義』『沖縄の占領と日本の復興』『歴史と責任』(以上青弓社)等がある。

野平晋作(のひら・しんさく):1964年鹿児島生れ。ピースボート共同代表。「国際交流の船旅」の企画・運営に携わる。また「慰安婦」問題や在沖米軍基地問題に関わる運動にも参加している。歴史認識問題を構造的暴力のひとつとして捉え、日々活動している。

乗松聡子(のりまつ・さとこ):ピース・フィロソフィー・センター代表。編著書に『正義への責任 世界から沖縄へ①②③』(琉球新報社、2015~17年)、『沖縄の〈怒〉 日米への抵抗』(ガバン・マコーマックと共著、法律文化社、2013年)等。

朴金優綺（ぱくきむ・うぎ）：在日朝鮮人3世の人権活動家。在日本朝鮮人人権協会事務局員、朝鮮大学校講師、歌手。朝鮮学校差別をはじめとする在日朝鮮人の人権問題や日本軍性奴隷問題について国連人権機関に働きかけを行ってきた。主な論文に「北海道における朝鮮人強制連行・強制労働と企業「慰安所」」（『大原社会問題研究所雑誌』687号、2016年）。

松島泰勝（まつしま・やすかつ）：石垣島で生まれ、南大東島、与那国島、沖縄島で育つ。1996年に国連先住民作業部会、2011年に国連脱植民地化特別委員会に参加。琉球民族独立総合研究学会共同創設者、琉球民族遺骨返還研究会代表、龍谷大学教授。主な著書に『琉球独立への経済学』『琉球独立への道』『沖縄島嶼経済史』『ミクロネシア』等。

宮城隆尋（みやぎ・たかひろ）：1980年生れ。2004年から琉球新報記者。編集局社会部、文化部などで勤務し、2016年から編集委員。2017年2月にアイヌ民族と琉球人の遺骨返還問題に焦点を当てた連載「北の地とつなぐ――自己決定権の懸け橋」を担当した。

安田浩一（やすだ・こういち）：ジャーナリスト。1964年生れ。週刊誌記者を経てフリーランス。講談社ノンフィクション賞、大宅壮一ノンフィクション賞。主な著書に『ルポ差別と貧困の外国人労働者』（光文社）『ネットと愛国――在特会の「闇」を追いかけて』（講談社）『ヘイトスピーチ』（文春新書）『沖縄の新聞は本当に「偏向」しているのか』（朝日新聞出版）等。

結城幸司（ゆうき・こうじ）：1964年4月釧路生れ。版画家、アイヌのアーティスト集団「アイヌアートプロジェクト」代表。『アイヌっプリの原野へ』に版画挿し絵出筆。共著に『アイヌ民族否定論に抗する』（河出書房新社）『イランカラプテ　アイヌ民族を知っていますか？――先住権・文化継承・差別の問題』（明石書店）。

◇編者（木村朗、前田朗）プロフィールは奥付頁に記載。

◎ 木村　朗（きむら・あきら）
1954年8月生れ、北九州市小倉出身。鹿児島大学法文学部教授。日本平和学会理事、東アジア共同体・沖縄（琉球）研究会共同代表。主な著作は、単著『危機の時代の平和学』（法律文化社）、共編著『21世紀のグローバル・ファシズム』『中国・北朝鮮脅威論を超えて』（以上耕文社）『沖縄自立と東アジア共同体』（花伝社）、共著『誰がこの国を動かしているのか』（詩想社）『沖縄叛乱』（かもがわ出版）等。
◎ 前田　朗（まえだ・あきら）
1955年札幌市生れ。東京造形大学教授、朝鮮大学校講師、日本民主法律家協会理事、東アジア共同体・沖縄（琉球）研究会共同副代表。主な著書に『増補新版ヘイト・クライム』『ヘイト・スピーチ法研究序説』『黙秘権と取調拒否権』（以上三一書房）『旅する平和学』（彩流社）『パロディのパロディ――井上ひさし再入門』（耕文社）、共著に『闘う平和学』（三一書房）『２１世紀のグローバル・ファシズム』（耕文社）等。

ヘイト・クライムと植民地主義
－反差別と自己決定権のために－

2018年2月1日　　第1版 第1刷発行

著　者―― 木村 朗　前田 朗 © 2018年
発行者―― 小番　伊佐夫
装丁組版― Sult Peanuts
印刷製本― 中央精版印刷
発行所―― 株式会社 三一書房
〒101-0051
東京都千代田区神田神保町３－１－６
☎ 03-6268-9714
振替 00190-3-708251
Mail: info@31shobo.com
URL: http://31shobo.com/

ISBN978-4-380-18003-3　C0036　　Printed in Japan